La Via Maestra

« Tao Te Ching »

Lao Tzu

Traduzione ed interpretazione
di Rinaldo Pilla

La leggenda vuole che il vecchio saggio cinese Lao Tzu un bel giorno si stufò e disse: "basta!". Così decise di allontanarsi nella foresta, ove voleva andare a morire per lasciare il mondo terreno.

I suoi concittadini però gli chiesero gentilmente di lasciar loro i suoi insegnamenti per iscritto, prima della sua dipartita. Fu così, pare, che Laozi, com'è anche detto Lao Tzu, scrisse i brevi 81 versi oggi conosciuti come *Daodejing*.

Finito di tradurre dalla lingua inglese alla lingua
italiana il 1/3/2018 in Venafro (IS)

Già tradotto in lingua inglese da Stephen Mitchell.

Ultima revisione il 19/3/2020 in località
San Tommaso, Fermo (FM)

Conoscere gli altri è intelligenza;
Conoscere se stessi è vera saggezza.
Il controllo sugli altri è forza;
Il pieno controllo di sé è potere assoluto.

Indice

Introduzione   7

Il Tao Te Ching   11

Foto in copertina: Yin & Yang (di Pixabay).
Simbolo del Taoismo, ed a significare il dualismo
dell'esistenza, rappresentativo di uomo-donna,
bene-male od anche inizio-fine. Lo stesso concetto è
equiparabile al dio Romano Giano, sempre
rappresentato appunto con una duplice faccia.

INTRODUZIONE
di Rinaldo Pilla

Il Daodejing o Tao Te Ching, "Libro della Via e della Virtù" è solitamente attributo a Laozi, filosofo e scrittore cinese del IV secolo a.c., il cui nome pare stia a significare "vecchio maestro", o colui il quale è nato già vecchio.

Insomma, Lao Tzu o Laozi era un vecchio saggio, un vecchio maestro, ossia un uomo nato "imparato" o già con la camicia, per usare un'espressione riportabile al lessico del tempo corrente e dei contemporanei.

Traduzioni ed interpretazioni del Daodejing sono molto difficili, perché scritto in cinese arcaico, anche noto come cinese classico, carico di allusioni al fine di trasmettere altresì un significato semantico, ma di difficile lettura per il cinese moderno; un po' come per tutte le lingue d'altronde.

A quanto pare, la leggenda vuole che questo vecchio cinese di nome Laozi un bel giorno si stufò e disse: "basta!" - Così salì su un bue diretto verso il Tibet, oppure una foresta, come dice un'altra versione, ove voleva andare a morire.

Essendo la sua fama di saggio molto diffusa, gli fu chiesto gentilmente di lasciare i suoi insegnamenti per iscritto prima della sua dipartita. Fu così, pare, che Laozi scrisse qui brevi 81 versi oggi conosciuti come *Daodejing*.

Per dare un senso di prospettiva ad un occidentale, Laozi andrebbe collocato nello stesso tempo in cui visse Socrate, grossomodo. Tenere ben presenti a mente le ultime parole di Socrate prima che consumasse la sua sentenza a morte bevendo la cicuta è cruciale.

Da l'Apologia di Socrate accreditata a Platone, si legge infatti che le ultime parole di Socrate furono proprio: "È giunto ormai il tempo di andare, o giudici, io per morire, voi per continuare a vivere. Chi di noi vada verso una sorte migliore, è oscuro a tutti, tranne che al Dio".

Da ciò quindi si comprende la vicinanza dei due filosofi in termini di introspezione, sebbene l'uno fosse giunto al termine di un percorso di vita naturale, mentre l'altro sottratto alla vita per via della sua ricerca introspettiva che inequivocabilmente turbava gli interessi di qualcun altro.

Da qui si può comprendere meglio anche il Taoismo, che pare abbia vita proprio dagli insegnamenti di Laozi, e che successivamente fu utilizzato anche per comprendere e spiegare meglio gli insegnamenti del Buddismo, man mano che si diffondevano in Cina.

Un ponte tra le filosofie orientali e le religioni occidentali non è facile da realizzare, ma ciò solo perché richiede molta elasticità o apertura mentale, al fine da non farsi intrappolare dai luoghi comuni, dai dogmi e da falsi stereotipi.

Le religioni di stampo occidentale infatti, eccezion fatta per il vecchio paganesimo, tipico ed autoctono del mondo classico greco-romano, nonché celtico, sono infatti tutte derivanti dalla cultura giudaica, ed a tal fine si classificano tutte come religioni Giudaico-Cristiane.

Le religioni orientali invece, come Taoismo e Confucianesimo sono autoctone della Cina, mentre il Buddismo fu la risposta secessionista al degrado ed alla corruzione dell'Induismo, un po' come il Protestantesimo lo è stato per il Cattolicesimo.

Le religioni filosofiche cinesi quindi mancano di quella contaminazione o corruzione tipiche dell'Induismo e delle altre religioni Giudaico-Cristiane, pertanto sono molto più genuine e sincere.

Lo stesso Romolo, fondatore di Roma, fu molto chiaro circa lo scopo e le funzioni della religione e del pontefice a Roma, la quale doveva servire prettamente come *"instrumentum regni"*, ossia uno strumento per regnare sulle masse ignoranti, partendo però dal presupposto che la spiritualità era comunque degna di venerazione.

Ad ogni modo, per non dilungarmi troppo nell'introduzione, vorrei solo condividere coi lettori alcune opinioni che considerano il Taoismo molto difficile da comprendere sino in fondo e da mettere in pratica nella vita reale e quotidiana.

A tal proposito, farò del mio meglio non solo per tradurre gli 81 versi originali del Daodejing, ma anche di spiegarli in maniera contestuale e trasposta per un lettore occidentale, con cultura di base molto probabilmente di stampo Giudaico-Cristiano.

Il *Tao Te Ching*

Versetto n. 1

Il tao che può essere spiegato non è l'eterno tao.

Il nome che può essere pronunciato non è quello dell'Eterno.

L'innominabile è il solo eternamente vero e reale.

La nomenclatura è l'origine di tutte le cose definite del creato, in cielo e in terra.

È solo smettendo di desiderare che si può realizzare il vero mistero.

Se si rimane intrappolati nel desiderare, sarà possibile vedere solo le manifestazioni delle cose.

Eppure, mistero e manifestazione provengono tutti dalla stessa fonte.

Questa fonte è il "nulla" eterno.

Il nulla contenuto nel nulla è l'accesso alla conoscenza assoluta.

1. Note:

Il tao sta a significare "strada", per cui la strada che conduce all'Eterno non può essere indicata o spiegata.

La si può solo intuire e percepire dentro di sé, soprattutto perché ciò a cui conduce non ha un nome, né una spiegazione, né un'immagine.

Eppure, ciò che non è possibile nominare è l'unica cosa veramente ed eternamente reale, contrapposta all'umana realtà soggetta alla percezione, che invece altro non è che mera illusione.

Anche i cristiani dopotutto sono familiari col concetto che in principio era il verbo, ossia la nomenclatura, e che successivamente il verbo si fece carne, ossia si incarnò nell'essere umano nel momento stesso di definirlo e nominarlo tale.

Un'altra espressione con cui tale concetto è stato reso in Occidente è che è più facile trovare un ago in un pagliaio che per un ricco l'entrata nel regno dei celi.

Smettere di desiderare poi non significa spogliarsi di tutti gli averi e vivere in povertà, ma semplicemente che un po' di privazioni di tanto in tanto aiutano a riconnettersi con la fonte.

Inoltre, lo stesso concetto delle manifestazioni è spiegato dal mito della caverna di Platone, con la proiezione di immagini che cela allo scrutatore la vera fonte da cui esse vengono proiettate.

Versetto n. 2

Nell'attimo in cui alcune cose vengono viste e
percepite come belle, altre divengono brutte.

Quando alcune cose vengono viste e percepite come
buone, altre divengono inesorabilmente cattive.

Gli esseri animati e le cose inanimate creano l'un
l'altro; facile e difficile supportano l'un l'altro; lungo
e corto definiscono l'un l'altro; alto e basso
dipendono l'uno dall'altro, così come prima e dopo
seguono l'un l'altro.

È per questo che il Maestro o l'Illuminato agisce
senza far nulla, ed insegna senza dire nulla.

Le cose appaiono, e questi le lascia accadere;
quando scompaiono, le lascia sparire.

L'Illuminato ha, ma senza possedere; questi agisce,
ma senza aspettarsi nulla.

Una volta compiuto il suo lavoro, se ne dimentica,
ed è per questo che è immortale.

2. Note:

Il dualismo delle cose è un po' come l'innocenza di un bambino o di un neonato, che non conoscendo nulla guarda a tutto con stupore.

È solo col tempo e con le attenzioni dei genitori che il bambino attribuirà lentamente nomi e connotati alle cose che osserva con i suoi occhi curiosi.

In talo modo si crea la classificazione della realtà, connotando le possibili varianti con determinati nomi, ai quali si applicano particolari significati semantici, quindi determinati connotati che possono essere sia oggettivi che soggettivi.

Il nulla di cui parla Laozi altro non è infondo che il nulla matematico delle equazioni. Infatti, dire che 5=5 è esattamente come dire che 0=0 o 5-5=0.

In altre parole, dire che qualcosa è uguale a se stessa sarebbe come dire che essa è uguale a nulla, e conseguentemente ciò alimenta gli opposti, per creare l'illusione del diverso e quindi una realtà che non sia il nulla, benché nata dal nulla stesso.

Versetto n. 3

Stimando eccessivamente grandi uomini, le persone
finiscono col perdere ogni potere.

Se si dà troppo valore agli oggetti che si
posseggono, le persone cominciano a rubare.

Il Maestro guida le persone svuotandone le menti e
riempendone la vera essenza; ne attenua le
ambizioni, rafforzandone risolutezza e
determinazione.

Aiuta le persone a perdere tutto ciò che sanno, tutto
ciò che desiderano e ciò che crea confusione in
coloro i quali credono di sapere tutto.

Questi pratica il lasciar-stare, o *"laissez-faire"*, ossia
agisce senza desiderare nulla in particolare ed ogni
cosa andrà al suo posto naturalmente.

3. Note:

Ad un occidentale contemporaneo, certamente parrebbe il maestro taoista fosse molto simile ad un astuto maestro di una qualunque setta finalizzata ad estorcere denaro a povere vittime ignare.

Credo però ormai sia passato sufficiente tempo dalla condanna di Socrate per poter dire che la sincerità degli intenti di un maestro taoista sia da rinvenirsi semplicemente nell'assenza di un conflitto d'interessi di quest'ultimo nei confronti delle persone che aiuta.

Al tempo stesso, per pensare come un occidentale, è pur giusto riconoscere al maestro taoista un compenso "equo", assimilabile a quello di qualsiasi altro professionista, quale ad esempio un avvocato o un commercialista.

Credo l'etica quindi giochi un ruolo fondamentale nell'identificazione di falsi maestri che usano il plagio quale strumento di dolo e di arricchimento personale.

Allo stesso modo, il lasciar perdere non dovrebbe intendersi come far finta che non esistano situazioni per cui è necessario intervenire al fine di garantire che alcuni individui non arrechino danni ad altri, e pertanto vadano comunque assicurati alla giustizia terrena.

Versetto n. 4

Il Tao è come un pozzo: usato continuamente, ma
senza che si prosciughi mai.

È come il nulla eterno: pieno di infinite possibilità.

È nascosto, celato, ma sempre presente.

Non so chi gli abbia dato i natî, ma è più antico e
vecchio di Dio.

4. Note:

Dai testi di Laozi è possibile comprendere come egli fosse già a conoscenza del concetto di Dio, similmente a come lo si intende anche oggigiorno nelle religioni di stampo Giudaico-Cristiane.

In verità tale concetto era anche noto all'antica Polis di Atene, ove era venerato appunto un "Dio ignoto", sconosciuto quindi, di cui non si conosceva il nome.

Lo stesso Socrate, proprio in virtù delle ultime parole cui gli sono attribuite prima di bere la cicuta, lasciano ben pensare che egli stesso avesse una piena consapevolezza del concetto di Dio, nominandolo appunto prima della sua morte.

Il Tao però non è Dio, è il Nulla! Il nulla eterno, in cui nulla esiste, eppure tutto è possibile. Ecco allora che Dio diviene la sola rappresentazione nominabile e spiegabile del Tao, cui non è possibile altresì accedere al mondo degli osservatori terrestri.

Gli stessi comandamenti impongono a Mosè di non provare a farsi un'idea delle sembianze di Dio, proprio come sostiene Laozi.

Dal nulla quindi è venuto o è stato creato Dio, il quale ha poi creato il cielo e la terra così come li conosciamo attraverso quest'esperienza terrestre.

Dio quindi è come la Sacra Sindone, ossia solo l'immagine riflessa e visibile del Tao, il quale invece rimane invisibile ed impercettibile.

Versetto n. 5

Il Tao non prende mai le parti di nessuno; dà vita ad
entrambi, sia al bene che al male.

Il Maestro non prende mai le parti di nessuno;
accoglie entrambi, santi e peccatori.

Il Tao è come un mantice: è vuoto, eppure
infinitamente capiente.

Più lo si usa e più produce; più ne parli e sempre
meno ne comprendi.

Meglio concentrarsi sul centro del cerchio quindi,
che non sul perimetro.

5. Note:

Il Tao dunque è come una madre che ama entrambi i propri figli, sia il delinquente che il santo.

Ciò è perché ella ha partorito e dato vita ad entrambi, augurandosi il meglio per loro ugualmente.

Ella però accetta con rassegnazione che non tutta la sua prole sarà in grado di crescere sana, e nel caso ciò dovesse accadere, ella sarebbe immensamente felice.

Quando uno dei suoi figli non riesce a svilupparsi appieno, inevitabilmente assume quei connotati comunemente contrapposti al bene e giusto, per cui tale nascituro sarà definito cattivo o malvagio.

La madre che però lo ha generato non se ne compiacerà mai, quasi fosse un suo errore, per cui amerà sempre e comunque anche il suo frutto più cattivo e non le si potrà chiedere di scegliere tra di essi quale più le aggradi, né di giudicare ella stessa il frutto del proprio seno.

Attenzione però, il Tao è come suddetta donna, ma il Tao non è donna, né tantomeno uomo o figlio di alcun Dio. Il Tao è ciò che ha generato donna e Dio, e nell'ottica Cristiana, ha poi anche generato un figlio prescelto di Dio, a molti noto col nome di Buddha, Issa o Gesù.

Alla donna terrestre e mondana è comunque richiesto di riconoscere e scernere il bene dal male, confidando nella giustizia terrena affinché il male non rovini il bene.

Versetto n. 6

Il Tao è la Grande Madre: vuota eppure inesauribile,
la quale dà vita ad infiniti mondi.

È sempre presente dentro noi stessi, e la si può
usare in qualsiasi modo si voglia.

6. Note:

Insomma, in tutto e per tutto il Tao dovrebbe ricordare ad un occidentale l'antico culto pagano della Magna Mater o Grande Madre venerata a Troia.

Il Cristianesimo riprenderà tale culto con la Vergine Maria, che se non interpretato letteralmente, lascerebbe chiaramente intendere come il Cristianesimo primitivo fungesse da ponte tra le filosofie religiose orientali, il paganesimo del mondo Greco-Romano, ed il monoteismo Giudaico.

Non a caso la nascita di Gesù è annunciata dai re magi, dunque agli orientali, con una stella cometa che li conduce sino alla culla del neonato.

Il Dio che si fa uomo è lo stesso concetto della reincarnazione buddista, per cui non v'è contraddizione alcuna col Buddha che, tanto atteso in Medio Oriente, come ancora oggi acclamato da ebrei e musulmani, si è incarnato in Gesù per compiere il suo scopo nel mondo terreno.

Per questo si dice che tutte le religioni in realtà siano una sola, nonostante le apparenti differenze tra di esse.

In qualche modo, ognuna di essa aiuta ad aggiungere un tassello per la comprensione del Tao, che essendo tanto enorme non può essere descritto né da un'unica religione, né da un'unica persona o profeta.

A meno che non sia lo stesso Tao a farsi rivelare per mezzo di qualcuno che ne sia in grado, o Messia.

Versetto n. 7

Il Tao è infinito, eterno; ma perché eterno?

Perché non essendo mai nato non potrà mai morire.

E perché è infinito? Perché non ha alcun desiderio specifico per sé, per cui esiste in tutti gli esseri.

Il Maestro le va dietro, per questo ella è avanti.

Egli è distaccato da tutte le cose, e per questo è una cosa sola con esse.

Perché si è disfatto del proprio ego, è completamente soddisfatto.

7. Note:

Dalla connotazione eterna del Tao si comprende o si deduce come la realtà terrena altro non sia anche un'immagine proiettata del Tao.

In altre parole, la realtà altro non è che un sogno, un'immaginazione, o anche un ologramma se si vuole, in continua evoluzione perché tenuto in vita, costantemente mutato dai sognatori stessi.

Trattasi quindi di un mero espediente per poter vedere il Tao dall'esterno; una sorte di specchio, grazie al quale il Tao stesso può rispecchiarsi in esso per poter vedere la propria immagine riflessa.

Questo è il concetto che molto spesso sfugge ai più che cercano di comprendere cosa dica il Tao.

In effetti, seguire tale ragionamento richiede un'enorme capacità di astrazione mentale, un po' come cercare di immaginare tutti gli astri che sono presenti nell'universo.

D'altro canto, un occidentale potrebbe anche comprendere la descrizione del Tao paragonato ad una donna, come un insegnamento per l'uomo per conquistare e mantenere una donna stessa nella propria vita.

Versetto n. 8

Il bene supremo è come l'acqua, che nutre ogni cosa fortuitamente, senza neppure provarci.

Esso è contento di stare nei posti più risicati che tutti disprezzano.

Pertanto, il bene supremo è simile al Tao.

Nelle abitazioni, vivete ai piani più vicini al suolo; nel pensare, tenete a mente la semplicità; nei conflitti, siate giusti e generosi; nel governare, non cercate di controllare; nel lavoro, fate ciò che vi rende felici; nella vita familiare, siate sempre presenti.

Quando sarai soddisfatto di essere semplicemente te stesso, senza comparare o competere, allora tutti ti rispetteranno.

8. Note:

Torna il concetto del bene, specificando però che il Tao è bene supremo. Ciò implica che la conoscenza del concetto di male sia necessaria solo e soltanto al fine di carpire l'idea del bene, quindi di cogliere il Tao stesso.

Insomma, per giungere al Tao val la pena di considerare il vecchio detto: "chi cerca trova!"

Se da un lato tradizioni come il Buddismo ed il Cristianesimo già annoverano un messia quale loro Dio, sia esso chiamato Buddha o Cristo, entrambi quindi portatori di quel messaggio di bene supremo menzionato anche da Laozi, non è detto che per cogliere il Tao sia necessaria l'intermediazione di profeti, santi, o Dio stesso.

L'ateismo stesso nel Taoismo non ha alcuna limitazione né controindicazione. Da un lato il Tao, per lasciarsi intendere e guardare meglio ha inviato dei messaggeri, come Cristo e Buddha, così creando il concetto di Dio stesso.

Eppure, il Tao si lascia trovare da chiunque lo cerchi, che si passi o meno da Dio o da qualsiasi altra religione costituitasi.

Il Tao infatti non è Dio, avendolo generato, e con tale concetto tutte le religioni, il cui scopo è appunto il non far perdere le tracce del Tao, ossia del nulla eterno.

Versetto n. 9

Riempi la ciotola sino all'orlo e traboccherà.

Continua sempre ad affilare il tuo coltello e vedrai che perderà il filo e non sarà mai affilato.

Insegui il denaro e la sicurezza ed il tuo cuore non sarà mai rilassato e disteso.

Preoccupati dell'approvazione del prossimo e diverrai loro prigioniero.

Porta a termine il tuo lavoro, poi allontanatene; è l'unico modo per essere sereni.

9. Note:

Si potrebbe dire che il Tao ha lo stesso rapporto col denaro e la ricchezza che si ritrova anche nel Cristianesimo, ove si raccomanda di non preoccuparsi dell'avvenire come fanno gli uccelli, che non sanno cosa mangeranno il giorno dopo, eppure qualcosa la rimediano sempre.

Nel mondo moderno il denaro ha assunto un ruolo molto ben diverso da quello originariamente inteso dalle persone, che lo usavano quale mezzo di scambio per beni e servizi.

Oggigiorno si potrebbe dire che il denaro in sé è diventato un lavoro a pieno titolo, un settore produttivo a sé stante, che se gestito diligentemente e senza corruzione inevitabilmente finirebbe per circolare nelle tasche di tutti, essendo quella per antonomasia la sua stessa natura e scopo ultimo.

Il denaro quindi vuol circolare per aiutare le persone e non vuol essere intrappolato in conti correnti e paradisi fiscali, fermo, immobile, senza produrre nulla ma lasciato solo a logorarsi nel tempo.

Un'altra trappola di cui si viene ammoniti è il lavoro. Esso è sì importante, e va fatto bene. Poi però bisogna essere in grado di lasciarselo alle spalle, come per dimenticarlo.

Una vita immersa nel lavoro è tanto deplorevole quanto una vita passata con ossessione alla continua ricerca del denaro.

Versetto n. 10

Riesci a persuadere la tua mente dalla sua stessa
incoerenza ed a mantenere l'armonia originale?

Riesci a far diventare il tuo corpo agile e flessibile
come quello di un neonato?

Riesci a schiarire la tua vista interiore sino a vedere
null'altro che luce?

Riesci ad amare le persone e guidarle, senza
imporre su di loro la tua volontà?

Riesci ad affrontare le questioni più vitali
permettendo agli eventi di seguire il loro corso?

Riesci ad indietreggiare dalla tua stessa mente ed in
tal modo a comprendere ogni cosa?

A procreare ed a nutrire; ad avere senza possedere;
ad agire senza alcuna aspettativa; a condurre senza
cercare di controllare: questa è la virtù suprema.

10. Note:

Il Taoismo rispecchia moltissimo il Buddismo per quanto concerne il cosiddetto "igiene mentale".

Che la mente poi sia addirittura molto più importante nella percezione della realtà di quanto non si pensasse prima, sembrerebbe un fatto ormai acclamato anche dalla comunità scientifica.

In quanto alla vista interiore, un semplice esercizio potrebbe essere quello di chiudere gli occhi e cercare di sforzarsi nel mettere a fuoco un punto al centro dell'oscurità della nostra mente, come facendo convergere gli occhi entrambi al centro, verso il naso, sino a vedere un puntino bianco.

Cercando di concentrarsi ancor più su questo puntino bianco, via via esso diventa sempre più luminoso e potente, come una fonte di energia in grado di irradiare l'oscurità della mente anche ad occhi chiusi.

Generalmente, tali abilità mentali implicano una grande capacità di compiere sforzi mentali, quali quelli richiesti appunto dal Tao per avere una visione completa del tutto e di ogni singola cosa che compone il tutto.

In altre parole, tale concetto è detto "illuminazione" nel Buddismo, e non a caso anche i santi cristiani sono sempre rappresentati con un'aureola, che sta a simboleggiare lo stesso concetto di "illuminati".

Versetto n. 11

Uniamo i raggi tutti insieme in una ruota, ma è il foro centrale che permette al carro di muoversi.

Modelliamo la creta a forma di pignatta, ma è il vuoto al suo interno che contiene qualsiasi cosa si voglia.

Inchiodiamo insieme il legno per farne una casa, ma è lo spazio al suo interno a renderla vivibile.

Lavoriamo quindi con l'essere delle cose, ma ne usiamo il non-essere.

11. Note:

Il Tao cela un certo piano o desiderio specifico di se stesso, che è simile in certi versi al Cristianesimo.

Il Tao infatti creando la realtà sensoriale implica un certo desiderio di creare al di fuori di sé, come per misurarsi o conoscersi meglio attraverso una realtà simulata, quale è la vita terrena.

Non è quindi una cacciata dal paradiso, come per l'Ebraismo e l'Islam, versione poi ricorretta dal Cristo il quale deliberatamente dice che chi gli crede è automaticamente liberato dal cosiddetto "peccato originale".

Tale concetto ovviamente non esiste nel Tao, ma similmente un "big bang" può trovarvi una collocazione come atto creativo, non certo un'espulsione da un luogo idilliaco.

Questa realtà però è infusa di regole che servono a ricordaci del Tao, come se il Tao stesso non voglia perderne il controllo, forse perché non può perderne il controllo, in quanto tutto in essa ha un inizio ed una fine, eccetto il Tao stesso.

L'essere delle cose quindi è il Tao, come una casa. Poi però della casa non si usa se non l'interno, ossia il non-essere, come la realtà sensoriale, che è essa stessa non-essere rispetto al Tao, che invece è unico e solo vero stato dell'essere.

Versetto n. 12

I colori accecano l'occhio.

I suoni assordiscono l'orecchio.

I sapori intorpidiscono il gusto.

I pensieri indeboliscono la mente.

I desideri fanno appassire il cuore.

Il Maestro osserva il mondo, ma si fida della propria visione interiore.

Permette alle cose di andare e venire, succedere e scomparire.

Il suo cuore è aperto quanto il celo.

12. Note:

Ancora una volta si trovano delle similitudini tra Taoismo e Cristianesimo.

I cristiani spesso infatti usano l'espressione "sacro cuore", laddove il Taoismo ne fa esplicito riferimento, in termini di proprietà e funzione spirituale.

Sempre nell'ottica dualista taoista è possibile affermare che mente e cuore sono due organi contrapposti.

Laozi menziona entrambi; la mente deve essere libera da pensieri, il cuore da desideri.

Ad ogni modo, ciò non deve in alcun modo lasciar alito alle teorie della sofferenza e privazione cui sono soliti i cristiani piuttosto che i taoisti.

Infatti, un cuore senza desideri per un taoista non significa ad esempio celibato o castrazione. Anzi, è proprio tutto il contrario.

Uomo e donna possono e debbono consumare quando l'occasione si presenta. Non è necessario consumarsi il cuore a desiderare di amare o di accoppiarsi, in quanto ciò accadrà in maniera del tutto naturale e ciò non sarà affatto né desiderio né peccato, bensì vero amore.

Come già detto, in realtà il concetto di peccato è estraneo al Cristianesimo, ma v'è ancora una notevole contaminazione proveniente dal mondo e dalla cultura giudaica e che sembra provocare ancora confusione anche tra i cristiani.

Versetto n. 13

Il successo è pericoloso tanto quanto il fallimento.

La speranza è vuota tanto quanto la paura.

Cosa significa che il successo è pericoloso quanto il fallimento?

Sia che si salga o si scenda da una scala, la nostra posizione sarà comunque tremula.

Quando si sta alzati coi propri piedi saldi al suolo, allora ci si manterrà sempre in equilibrio.

Cosa significa che la speranza è vuota quanto la paura?

Speranza e paura sono entrambi fantasmi che originano nel pensiero del sé o dell'ego.

Quando non si guarda se stessi come sé, allora cosa si ha da temere se noi non siamo noi?

Considera piuttosto il mondo te stesso, non il tuo ego, ed abbi fede nel modo in cui le cose appaiono.

Ama il mondo come te stesso, allora potrai interessarti di ogni cosa.

13. Note:

Nell'ottica occidentale, specie a causa della frenesia della vita lavorativa, successo e fallimento potrebbero essere visti come qualcosa di essenziale, specie per uno scalatore sociale.

Il Taoismo dopotutto non dice di non usare le scale; semplicemente ammonisce che successo e fallimento non dovrebbero essere considerate come le costanti della vita di un uomo, bensì solo delle fasi alterne.

Dopotutto, arrampicarsi su di una scala potrebbe servire a creare qualcosa di interessante, oppure il contrario, ossia potrebbe rivelarsi una dispersione di risorse usata in un progetto errato.

L'importante è sapere a cosa si va incontro e fare bene il proprio lavoro, essendo sin da prima di salire sulla scala pronti a riporla via una volta terminato il lavoro, che sia stato un successo o un fallimento, da accettare in entrambi i casi.

Attenzione anche al concetto taoista del sé e dell'ego, che non è affatto un inno all'altruismo.

È piuttosto un invito alla persona affinché essa rimanga connessa al Tao, e non diventi preda del sé o dell'ego.

Ad ogni modo, sé ed ego esistono, ed averne piena consapevolezza significa poterli usare e gestire nel migliore dei modi nel lavoro di creazione della realtà percettiva in cui gli esseri umani sono quotidianamente impegnati.

Versetto n. 14

Guardalo, e non potrai vederlo.

Ascoltalo, e non potrai udirlo.

Afferralo, e non potrai raggiungerlo.

Sopra, non è luminoso.

Sotto, non è scuro.

Ininterrotto, innominabile, se ne ritorna nel reame del nulla.

Forma che include ogni altra forma, immagine senza alcuna immagine; impercettibile, oltre qualsiasi concezione.

Avvicinalo e non ha un inizio; seguilo e non avrà una fine.

Non potrai conoscerlo, ma potrai esserlo anche tu, comodamente nella tua stessa vita.

Semplicemente realizza da dove sei venuto: questa è l'essenza della saggezza.

14. Note:

Il segreto del Taoismo sembrerebbe essere il ricordarsi da dove si è venuti.

Benché si attribuisca all'Induismo il primato di essere la religione più antica del pianeta, per via dei suoi testi religiosi, i Veda, è altrettanto inequivocabile che filosoficamente parlando, sia l'Induismo che il Buddismo, tanto quanto il Cristianesimo, affondino le proprie radici nel Taoismo.

Il nulla quindi non è il niente, ma un concetto molto difficile non solo da afferrare, ma anche solo da provare ad immaginare.

Il nulla non è buio, né luminoso, in quanto in esso non esistono né luce né oscurità, benché entrambe provengano da là, ossia dall'eternità.

Paradossalmente parlando, il concetto di Dio come inteso dalla tradizione giudaica, poi cristiana, altro non è che una semplificazione del concetto di Tao.

Infatti, benché questo Dio ebraico rivendichi tutte le prerogative del Tao, in termini di innominabilità ed inimmaginabilità, questi è ben immaginabile e nominabile dalle masse, cui il clero occidentale potrebbe avere non pochi problemi cercando di spiegare il Tao.

Versetto n. 15

Gli antichi Maestri erano profondi ed impercettibili,
e la loro saggezza era imperscrutabile.

Non c'è modo di descriverlo; potremmo solo
descrivere la loro apparenza.

Erano cauti quanto qualcuno che attraversi un
ruscello ghiacciato.

Vigili quanto un guerriero in territorio nemico.
Cortesi come un ospite.
Fluenti come il ghiaccio che si scioglie.
Malleabili come un pezzo di legno.
Ricettivi, aperti come una vallata.
Chiari e limpidi come un bicchier d'acqua.

Avete la pazienza di aspettare finché il vostro fango
sedimenti e le acque si schiariscano?

Riuscite a rimanere immobili sinché la cosa giusta
da fare si compia da sola?

Il Maestro non è alla ricerca di soddisfacimento.
Non cerca nulla, non si aspetta nulla; il Tao è
sempre presente, pronta ad accogliere tutto.

15. Note:

Laozi lasica ben intendere che quanto egli stia scrivendo ha radici ben più antiche di lui stesso, ed a tal proposito menziona antichi maestri, descrivendone le caratteristiche.

In un certo qual modo, è come se fosse Platone che cercasse di raccontare Socrate.

Ad ogni modo, se Socrate potrebbe essere considerato l'archetipo dello psicanalista nella cultura occidentale, per via della sua maieutica, per onestà intellettuale va detto che in quanto a profondità ed introspezione, egli non è per nulla superiore né a Laozi, né ai maestri citati prima di Laozi.

Insomma, che il mondo greco-romano sia stato la culla del mondo occidentale contemporaneo, ed abbia influenzato tutto il globo con la sua gestione della pubblica amministrazione e sistema economico, è assodato.

Per onestà intellettuale però, va detto che la spiritualità occidentale è del tutto inferiore rispetto alla spiritualità orientale, e che quindi se l'Occidente abbia dato Roma al mondo, l'Oriente ha dato al mondo la spiritualità, ed il Tao in particolare.

Ovviamente, Roma non è da confondersi col Vaticano, che è uno stato a parte, solo geograficamente collocato in Italia.

Versetto n. 16

Svuota la tua mente da ogni pensiero.

Lascia che il tuo cuore sia in pace.

Osserva il tumulto e le agitazioni delle persone, ma contemplane il ritorno sulla retta via.

Ogni essere distinto e separato nell'universo ritorna alla fonte comune.

Il ritorno alla fonte è serenità.

Se non comprendi la fonte, inciamperai sempre nella confusione e nel dolore.

Quando comprendi da dove sei venuto, diventerai istintivamente tollerante, disinteressato, entusiasta, generoso come una nonna e solenne come un re.

Immerso nella meraviglia del Tao, puoi affrontare qualsiasi cosa la vita ti ponga innanzi, e quando la morte sopraggiunge, tu sarai pronto.

16. Note:

L'approccio del Taoismo alla morte è molto semplice e sereno, ed è il primo esempio noto di certezza della vita oltre la morte.

Il ritorno al Tao, alla grande madre, o al nulla eterno, com'è che lo si voglia intendere, è l'archetipo del concetto di reincarnazione nell'Induismo e nel Buddismo, tanto quanto di resurrezione nel Cristianesimo.

Dunque, si viene dall'infinito e si sperimenta una vita ed un'esistenza finita, per poi tornare all'infinito.

Quindi, essendo possibile questa transizione in primo luogo, ossia dal mondo infinito a quello finito, deve essere necessariamente possibile anche il contrario, ossia il passaggio dal mondo finito a quello infinito.

Non solo, essendo questo passaggio possibile una volta, non v'è motivo di dubitare che questo ciclo possa ripetersi all'infinito, se non fosse però che nel mondo finito anche il pianeta Terra che ci ospita avrà una fine, connessa alla durata del nostro astro solare.

La morte dunque non esiste, nel senso che è tanto illusoria quanto lo è la vita stessa; pertanto, dovendola descrivere con un attributo, essa è serenità.

Versetto n. 17

Quando il Maestro governa, le persone a mala pena
sanno della sua esistenza.

Come seconda scelta, è meglio un leader che sia
amato e solo in terzo luogo, uno che sia temuto.

Il peggiore è un leader odiato e detestato.

Se non riponi fiducia nelle persone le renderai
inattendibili, non degne e disoneste.

Il Maestro non parla; egli agisce.

Quando il suo lavoro è compiuto, le persone dicono:
"Straordinario; ce l'abbiamo fatta, tutto da soli!"

17. Note:

Il Tao dunque è per tutti e parla a tutti.

Però, esso è particolarmente attento ad indicare bene la via a coloro i quali per scelta o per destino si ritrovano a ricoprire posizioni di guida o di governo, ossia i cosiddetti leader.

È un po' come per il discorso della scala, quindi del successo e del fallimento. Colui che decide di salire sulla scala è bene sia conscio delle responsabilità e dei privilegi cui va incontro in una determinata avventura di governo.

In sostanza, se non si è in grado di governare se stessi, come si potranno mai governare gli altri?

Il Maestro inoltre non è da intendersi come colui che non chiede credito per le sue azioni.

In parte infatti il credito per le sue azioni gli viene già riconosciuto dal Tao, ma non solo.

Quando le persone dicono di aver fatto tutto da sole, senza l'aiuto di nessuno, ciò simbolizza il grande merito del maestro, che è stato in grado di far comprendere ed usare il Tao alle persone.

Tutti quindi sono in grado di usare da soli il Tao per creare e solcare la realtà del mondo percettivo.

L'importante infatti è ricordare sempre che tutto in questo mondo è solo un'illusione e che il mondo stesso è anch'esso null'altro che una mera illusione.

L'inganno si cela proprio nel voler riconoscere alla materia una connotazione di verità; eppure, benché osservabile e tangibile, essa non lo è affatto e non esisterebbe se non al di fuori della percezione.

Versetto n. 18

Quando il grande Tao viene dimenticato, appaiono
bontà e pietà.

Quando l'intelligenza del corpo declina, l'ingegno e
la conoscenza avanzano.

Quando non v'è pace in famiglia, si manifesteranno
il rispetto per i genitori, gli anziani e gli avi.

Quando una nazione cade in preda al caos, allora
nasce il patriottismo.

18. Note:

Laddove non v'è più connessione col Tao è possibile riconoscere alcuni sintomi che dovrebbero lasciare ad intendere tale disconnessione con la fonte eterna.
Per ricreare questa connessione con la fonte si passerà quindi per la ricomparsa di bontà e pietà, a significare che quando si perde la retta via del Tao, allora malvagità e crudeltà stanno già regnando.
Questi quindi sono sintomi, come un veleno che si cura con l'antidoto giusto, estratto da esso stesso.
Lo stesso vale per una famiglia in cui non v'è più pace. Spontaneamente appariranno rispetto per i genitori e per gli anziani al fine di ristabilire quell'equilibrio venuto a mancare.
Nel Tao inoltre non è presente quel concetto di giudizio universale tipico della religione egizia, giudaica, ellenica e romana.
Il Taoismo infatti è molto più spontaneo e sincero, non avendo in esso alcuna intenzione di utilizzare tale sapienza quale "instrumentum regni", ossia strumento per il controllo delle masse.
Il male quindi non è qualcosa che verrà giudicato o costituirà un fardello per l'aldilà. Esso è piuttosto una temporanea perdita di equilibrio o connessione con l'eterno Tao che prima o poi si ricostituirà.

Versetto n. 19

Elimina santità e saggezza e vedrai che le persone
saranno cento volte più felici.

Elimina moralità e giustizia e vedrai che le persone
si comporteranno e faranno la cosa giusta.

Elimina industrie e profitto e vedrai che le persone
non ruberanno.

Se questi tre esempi non sono abbastanza, stattene
semplicemente al centro del cerchio e lascia che ogni
cosa segua il proprio corso.

19. Note:

Il Tao è il paradosso di tutti i paradossi, il paradosso per eccellenza.
È come il peccato originale. È proibendo infatti che si dà alito al peccato.
Eliminare industria e profitto non deve essere percepito in Occidente come una propaganda comunista, anzi. Entrambe sono necessarie alla proliferazione del genere umano, ma come per la scala, è fondamentale conoscerne anche gli effetti negativi in maniera tale da poterli gestire al meglio.
In sostanza il Tao dice che senza alcunché che si possa rubare, le persone non si dedicheranno a rubare.
In altre parole, laddove non è possibile controllare quei fattori che notoriamente generano fenomeni quali furto ed altre scelleratezze, la cosa più saggia da fare è lasciare che il sistema si bilanci da sé.
Ciò non significa che il saggio governante non dovrebbe far nulla per accorciare i tempi o per prevenire ed evitare pene e dolori.
Eppure, al tempo stesso, solo quando non è possibile far nulla, è meglio non far nulla e confidare nella saggezza del Tao che riporterà comunque nuovo ordine nelle cose.
Tale concetto non è neppure nuovo ai cristiani. Cristo, il Buddha cristiano, ammonisce che all'udire di guerre ed altri preoccupanti presagi è sempre meglio non allarmarsi, in quanto ciò è necessario che accada, se non lo si è potuto prevenire.

Versetto n. 20

Smetti di pensare, ed elimina i tuoi problemi.

Che differenza c'è tra sì e no?
Che differenza c'è tra successo e fallimento?

Dovresti apprezzare ciò che apprezzano gli altri ed
evitare ciò che evitano gli altri? Ridicolo!

Tutti quanti gli altri sono contenti come se fossero
appena stati ad una parata.
Sono l'unico invece privo di espressioni, come un
infante prima che impari a sorridere.
Tutti quanti gli altri hanno ciò di cui hanno bisogno;
io soltanto non posseggo nulla.
Sono l'unico a vagare solitario, come un vagabondo
senza una dimora.

Sono come un idiota, tant'è vuota la mia mente.
Le altre persone sono solari; io l'unica cupa.
Gli altri sono acuti, svegli; io l'unico apatico.

Gli altri hanno uno scopo; io l'unico a non saperlo.

Vago come un'onda nell'oceano e sbuffo senza
direzione come il vento.

Sono diverso dalle persone ordinarie e mi allatto dai
seni della Grande Madre.

20. Note:

Laozi parla in prima persona per la prima volta, ed un occidentale penserebbe subito che doveva essere una persona molto sola.

Ad ogni modo, a Laozi fu chiesto di scrivere i suoi insegnamenti, ed ovviamente egli si stava preparando alla dipartita dal mondo terreno, per cui sapeva benissimo che al mondo si nasce soli e si muore da soli.

Ad una persona molto giovane che chiede circa la morte potrebbe esser detto di lasciar perdere tale pensiero, in quanto davanti a sé ha una vita intera, piena di opportunità e possibilità come amori, amicizie, carriere ecc.

In realtà si finisce per discriminare e denigrare la solitudine solo perché inevitabilmente essa conduce, senza distrazioni, al pensiero della morte che ai molti fa tanta paura da cercare qualsiasi cosa possa distoglierli da tale pensiero.

Paradossalmente quindi, anche i problemi fungono da ottimo palliativo per distogliere la mente dal pensiero della morte.

Chiaramente Laozi fa riferimento all'apparenza che connota le persone cui si attribuiscono date connotazioni, come a voler dire che potrebbero sembrare gli appartengano, ed invece appartengono a loro stesse, sebbene gli altri non se ne accorgano.

Per certi versi, anche la lupa di Romolo e Remo potrebbe intendersi come un'allegoria alla Grande Madre, sia troiana che taoista.

Versetto n. 21

Il Maestro mantiene la sua mente sempre
all'unisono con il Tao; ciò gli dà la sua radianza.

Il Tao è inafferrabile; allora come può la mente del
Maestro essere all'unisono con essa?

Perché il Maestro non si aggrappa a nessuna idea.

Il Tao è oscuro ed imperscrutabile; allora come può
renderlo radioso?

Perché il Maestro glielo lascia fare.

Da prima ancora che vi fossero tempo e spazio il
Tao è.

Si cela dietro l'essere e il non-essere.

Come faccio a sapere che ciò è vero?

Io guardo dentro me stesso e vedo.

21. Note:

L'essere radioso è nuovamente un concetto riportato da Laozi che trova molte similitudini con la tipica aureola con cui vengono descritti i santi cristiani e non.

Lo stesso infatti dicasi per Buddha e tutti gli illuminati, ossia coloro i quali riescono ad abbeverarsi direttamente alla fonte del Tao.

Anche la comunità scientifica asserisce qualcosa di simile quando dice che tempo e spazio sono nati col big-bang.

È ovvio però come la comunità scientifica sia già abbastanza presa con lo studio dello spazio-tempo da non potersi permettere il lusso anche di approfondire il Tao, ossia ciò che ha generato lo spazio-tempo, dunque quanto era prima del big-bang stesso.

Eppure, lo stesso simbolo matematico dell'infinito (∞) altro non è che una rappresentazione del Tao stesso, assieme allo zero.

Paradossalmente, simboli come la stella di David, con due triangoli contrapposti, oppure la svastica, tanto quanto il simbolo dello Yin e Yang, altro non sono che rappresentazioni del Tao stesso.

L'unica differenza tra questi simboli è che l'infinito matematico è universalmente accettato dalle varie comunità che si parlano con la matematica; gli altri simboli invece sono una rappresentazione locale dello stesso concetto che varia appunto a secondo delle culture che li hanno adottati singolarmente.

Versetto n. 22

Se vuoi diventare completo, permetti a te stesso di
essere parziale.

Se vuoi trovare la retta via, sî corrotto e disonesto.
Se vuoi diventare pieno, diventa vuoto.
Se vuoi rinascere, lasciati morire.
Se vuoi che ti venga dato tutto, rinuncia a tutto.

Il Maestro, risiedendo nel Tao è d'esempio a tutti.

Poiché egli non mostra se stesso, le persone riescono
a vedere la sua luce.

Poiché egli non ha nulla da dimostrare, le persone
possono credere alle sue parole.

Poiché egli non sa chi è veramente, le persone
possono riconoscere se stesse in lui.

Poiché egli non ha alcun tarlo nella mente, riesce in
tutto ciò che fa.

Quando gli antichi Maestri dicevano: "Se vuoi che ti
venga dato tutto, rinuncia a tutto" non stavano
usando frasi vuote senza senso.

Solo lasciando che il Tao viva in te potrai essere
veramente te stesso.

22. Note:

Laozi utilizza moltissime allegorie per spiegare il concetto del Tao, ed è per questo che in molti trovano difficoltà a comprenderlo a pieno.

Ad esempio, quando dice che se si vuol essere completi bisogna permettere a se stessi d'essere parziali, potrebbe facilmente trarre in inganno qualcuno.

Ciò che sta cercando di dire non è che per essere qualcosa bisogna agire come l'opposto, benché quanto appena descritto potrebbe essere inteso come una tecnica di psicologia inversa.

Tuttavia, dovrebbe essere palese ai genitori come siano soprattutto le madri ad utilizzare tecniche di psicologia inversa per far fare ai propri figli ciò che desiderino, benché questi non solo ne siano ignari, ma quasi sicuramente non lo ricorderanno neppure per il resto delle proprie vite una volta cresciuti.

Ad ogni modo, Laozi sta dicendo che per diventare un essere completo, poiché tale prerogativa è l'immagine chirale della parzialità per così dire, è solo permettendosi di vivere a fondo la parzialità dell'essere che, una volta compresa, poi sarà possibile comprendere anche l'opposto, ossia l'essere completo.

Per destreggiare la completezza quindi è necessario prima saper destreggiare la frazionalità o parzialità dell'essere.

Versetto n. 23

Esprimi te stesso completamente, poi taci.

Sî come le forze della natura: quando soffia, c'è solo vento; quando piove, c'è solo pioggia; quando passano le nuvole, il sole vi risplende attraverso.

Se ti apri al Tao, diventi uno con il Tao e potrai incarnarlo completamente.

Se ti apri completamente ad un'idea, diventi una cosa sola con l'idea e potrai usarla completamente.

Se ti apri completamente al peccato, alla disfatta, diventi una cosa sola con essa e potrai accettarla.

Apri te stesso al Tao, poi riponi fiducia nelle tue risposte naturali, ed ogni cosa andrà al suo posto.

23. Note:

Partendo dal presupposto che anche i cristiani menzionano qualcosa del fatto che Dio prenda dimora dentro coloro i quali lo accolgono, ciò equivale al concetto taoista dell'aprirsi al Tao.

Paradossalmente parlando, il Taoismo può essere molto utile anche ai cristiani che non riescono a mettere a fuoco il senso della propria religione.

Un po' come il Buddismo e l'Induismo, il Taoismo non cerca né fedeli né adepti, e non cerca neppure di convertire nessuno.

È per questo che Buddismo e Taoismo, benché vere e proprie religioni, accettano di buon grado quando le si menzioni più come filosofie che come religioni.

Ciò implica la comprensione da parte dei taoisti e dei buddisti ad esempio, che chi si riferisce al Tao come filosofia, molto probabilmente non solo non comprende il Tao taoista, ma neppure il dogma impostogli dalla propria religione.

Versetto n. 24

Colui il quale si regge sulla punta dei piedi non sta
in piedi fermamente.

Colui il quale si affretta avanti non andrà lontano.

Colui il quale si sforza di apparire o "brillare"
affievolisce la sua stessa luce.

Colui il quale definisce se stesso non potrà mai
sapere chi è veramente.

Colui il quale ha potere sugli altri non può
comandare se stesso.

Colui il quale si attacca al proprio lavoro non creerà
nulla di duraturo.

Se vuoi entrare in sintonia col Tao, fa' il tuo lavoro,
poi lasciatelo alle spalle.

24. Note:

Un classico esempio dell'allegoria di colui il quale si affretta ad andare avanti potrebbe essere rappresentata dai molti conducenti italiani che ignorano ed infrangono anche le più basilari delle leggi del codice della strada, per non parlare dei limiti di velocità e dei sorpassi su striscia continua o doppia striscia.

Benché magari possano credere di andare lontani od arrivare primi, in realtà non andranno molto lontani.

Nel Taoismo l'essere è più importante dell'apparire, in quanto il Tao è essere, mentre l'apparire è non-essere.

Più uno mangia il Tao, più il Tao mangia te. Più il Tao ti mangia e più ti svuota. Più ti svuota e più ti libera. Più ti libera e più ti appaga. Più ti appaga e più ne mangi.

Il Tao è la droga perfetta.

Versetto n. 25

C'era qualcosa di perfetto e senza forma prima della
nascita dell'universo.

È sereno. Vuoto. Solitario. Immutabile. Infinito.
Eternamente presente.

È la madre dell'universo.

Per l'assenza di un nome migliore, la chiamo Tao.

Scorre attraverso tutte le cose, dentro e fuori, per poi
tornare all'origine di tutte le cose.

Il Tao è grande.
L'universo è grande.
La Terra è grande.
L'uomo è grande.

Questi sono i quattro grandi poteri.

L'uomo segue la Terra.

La Terra segue l'universo.

L'universo segue il Tao.

Il Tao segue solo se stesso.

25. Note:

Ancora una volta Laozi ci rende partecipi di quell'introspezione che per la primissima volta sulla Terra potrebbe aver portato l'essere umano ad immaginare "la madre dell'universo", indicandola col nome di Tao, sebbene un nome non ce l'abbia.

È probabile che vi siano anche dei nessi tra il Tao ed il culto Medio Orientale troiano della Magna Mater, ma ciò è solo una mera speculazione, come qualcuno potrebbe ritenere anche i nessi tra religioni orientali e quelle giudaico-cristiane.

Benché Laozi affermi che il Tao è innominabile, inafferrabile ed inimmaginabile, egli fa un ottimo lavoro nel descrivercela al meglio delle sue possibilità.

Ad ogni modo, nell'ottica del Mondo Antico allora noto, dovrebbe risultare palese come il Medio Oriente fosse il naturale punto d'incontro tra l'Occidente e l'Oriente.

Non dovrebbe quindi risultare del tutto bizzarro che ancora oggi il Medio Oriente sia il luogo o la fonte da cui si sia maggiormente attinto per quanto concerne la religione.

Ciò ovviamente ne spiegherebbe anche le lievi inflessioni ed adattamenti, a volte molto forzati, rispetto alle originali filosofie orientali, ed in particolar modo il Tao.

Versetto n. 26

Il pesante è la radice del leggero.

L'immobilità è la fonte di ogni movimento.

Pertanto, il Maestro viaggia ogni giorno senza mai lasciare casa.

Non conta quanto splendido possa essere il panorama, egli rimane sempre sereno con se stesso.

Perché mai il signore di una nazione dovrebbe svolazzare come un idiota?

Se permetti che tu stesso venga sbattuto di qua e di là, finirai col perdere ogni contatto con la radice.

Se ti lasci influenzare dall'ansia e dall'irrequietezza, perderai il contatto con chi sei veramente.

26. Note:

Per rendere il tutto ancor più chiaro ad un occidentale si potrebbe dire che se Gesù è l'equivalente di Buddha, la Madonna è l'equivalente del Tao.

La Madonna quindi è la sola, unica e vera Maestra, ossia il Tao stesso. Dopotutto, fu proprio Laozi ad ammettere di aver scelto il nome Tao solo perché non gli sembrava di potergliene attribuire uno migliore, ma Madonna potrebbe sembrare ancora meglio e ben più rappresentativo ad un occidentale.

Attenzione però a non confondere la Madonna del Tao con il dogma e con l'iconografia delle chiese cristiane.

Per essere ben radicati nel Tao quindi non si può permettere di lasciarsi sradicare dal vento forte, ossia dalle mille distrazioni della vita quotidiana che mirano a renderci schiavi mediante la falsa creazione del sé, che una volta instauratosi potrà anche essere mortificato e psicologicamente assoggettato.

Ironicamente, come diceva l'oracolo di Delfi, conoscere se stessi è il segreto anche per restare sempre connessi col Tao, oltre che per conoscere il proprio futuro.

Versetto n. 27

L'esperto viaggiatore non ha mai piani fissi e non è intento ad arrivare a destinazione.

Un bravo artista lascia che il suo intuito lo guidi ovunque esso voglia andare.

Un buon scienziato è colui che si è liberato dei concetti e mantiene la sua mente aperta a ciò che è.

Così il Maestro è disponibile verso tutte le persone e non rifiuta nessuno.

Egli è pronto ad usare ogni situazione, ed a non sprecare nulla.

Questo è detto "incarnazione" della luce.

Cos'è un brav'uomo se non l'insegnante di un uomo cattivo?

Cos'è un uomo cattivo se non lavoro per il brav'uomo?

Se non dovessi comprendere tutto ciò, ti perderai, non conta quanto intelligente tu possa essere.

Questo è il più grande dei segreti!

27. Note:

Ancora una volta troviamo che il concetto cristiano del Dio fattosi carne, ossia incarnatosi nell'uomo altro non è che quanto il Taoismo definisce "incarnazione della luce" o del Tao.

Laozi quindi definisce il Tao sia come un posto buio, senza fine, imperscrutabile; poi, nel momento in cui questo Tao prende dimora dentro un essere umano diviene la luce che lo irradia.

Incarnare la luce quindi significa essere in simbiosi con il Tao, nutrirsene e lasciarsi usare e nutrire a sua volta dal Tao.

Il Taoismo comunque è certamente adatto al dialogo interreligioso e vi si adatta alla perfezione.

Riprendendo un esempio precedente, si potrebbe benissimo spiegarlo così: "Io la chiamo Tao, tu la chiami Madonna" ma è pur sempre la stessa cosa.

Non comprendere ciò, malgrado la tua intelligenza, sarebbe una grave mancanza, nonché il seme dell'integralismo e del conflitto religioso.

Versetto n. 28

Conosci il maschile, però usalo sempre al femminile:
accogli il mondo nelle tue braccia.

Se abbracci il mondo, il Tao non ti lascerà mai e
sarai come un piccolo bambino.

Conosci il bianco, però usalo come nero: sî un
modello per il mondo; il Tao sarà forte dentro di te e
non ci sarà nulla che tu non possa fare.

Conosci il personale, però rendilo sempre
impersonale: accetta il mondo così com'è.

Se tu accetti il mondo, il Tao sarà luminoso dentro
di te e ritornerai al tuo io originario.

Il mondo si è formato dal vuoto, come gli utensili da
un blocco di legno.

Il Maestro conosce gli utensili, ma li intende sempre
come unico blocco: è per questo che egli può usare
ogni cosa.

28. Note:

Conoscere il maschile significa essere in grado di riconoscere l'indole diversa tra il maschile ed il femminile.

Laozi ammonisce di essere in grado di riconoscere l'indole maschile, per natura più rude e rozza; quindi, renderla sempre più elevata, avvicinandola all'indole femminile.

La donna dunque è la sola in grado di domare l'animale che v'è nell'indole maschile.

Sebbene infatti il Tao non abbia sesso, è solo per convenienza o convenzione che lo si definisce con quel nome, anche se Madonna andrebbe più che bene, se non fosse che quest'ultimo poi simbolicamente sarebbe troppo vicino all'immagine di una donna umana.

Per descrivere il Tao però, i connotati femminili sono più appropriati, specialmente quando riferiti alla Grande Madre.

I connotati maschili d'altro canto sono più appropriati per descrivere il mondo della percezione, o cosiddetto mondo reale, benché reale non lo sia per nulla.

Insomma, trattasi dell'ormai vecchio detto occidentale: "L'uomo viene da Marte, la donna da Venere", tanto per usare un ellenismo.

Infine, conoscere il bianco, il Tao, però usarlo come nero, ossia come un modello, quindi come un'impresa o per profitto è delicatissimo. Solo l'etica fa sì che non si tratti di essere bipolari.

Versetto n. 29

Vuoi rendere il mondo un posto migliore? Non credo lo si possa fare.

Il mondo è sacro, non può essere migliorato.

Se lo alteri, lo rovinerai.

Se lo tratti come un oggetto, lo perderai.

C'è un tempo per stare avanti, ed uno per stare indietro; un tempo per essere in movimento, ed uno per riposare; un tempo per essere vigorosi, ed uno per essere esausti; un tempo per essere al sicuro, ed uno per essere in pericolo.

Il Maestro vede le cose per ciò che sono, senza cercare di controllarle.

Lascia che esse facciano il loro corso e vadano per la loro strada, risiedendo al centro del cerchio.

29. Note:

Fosse vissuto ai giorni nostri, benché tutti i problemi che ancora ci sono al mondo, dubito Laozi penserebbe ancora che esso non possa essere migliorato.

Ovviamente mi riferisco al progresso tecnologico, che in pochi decenni ha drasticamente cambiato il mondo, rendendolo non più quel luogo noto allo stesso Laozi.

Nondimeno ciò non modifica neppure minimamente l'impatto dei suoi insegnamenti circa il Tao, anzi, li rende ancora e sempre più attuali.

Ancora una volta poi Laozi potrebbe lasciare intendere che il non agire sia la miglior soluzione nei confronti degli eventi.

Eppure v'è un dettaglio che lascia intendere chiaramente quale sia il ruolo del maestro nel corso degli eventi.

Il maestro è come l'asse sul quale gira la ruota; pertanto, l'asse ha la precisa funzione di far girare attorno a sé la ruota, per cui quello è esattamente il compito del maestro.

Se il maestro non facesse l'asse, non vi sarebbe alcun movimento possibile, per cui l'apparente immobilità del maestro e dell'asse celano invece un gran lavoro misterioso e non visibile ai singoli raggi, se non a tutta la ruota messa insieme e guardata dal di fuori.

Solo allora infatti sarà possibile notare la rotazione dell'asse su se stesso che permette alla ruota di girare.

Versetto n. 30

Chiunque si affidi al Tao per governare gli uomini non proverà ad imporre agende o a sconfiggere i nemici con l'uso delle armi.

Ad ogni forza corrisponde una forza opposta.

La violenza, anche quando ha intenzioni benevole, si ripercuote sempre su se stessi.

Il Maestro fa il suo lavoro, poi si ferma.

Egli comprende che l'universo sarà sempre fuori dal suo controllo, e che provare a dominare gli eventi va contro il flusso, lo scorrere del Tao.

Poiché egli crede in se stesso, non prova a convincere gli altri.

Poiché è soddisfatto con se stesso, non necessita dell'approvazione degli altri.

Poiché egli accetta se stesso, il mondo intero lo accetta.

30. Note:

Ancora una volta non può farsi a meno di pensare ad un vecchio detto occidentale, che pare abbia le proprie radici nel mondo classico romano.

Il detto recita più o meno così: "Si vis vivere contentum, noli mingere contra ventum".

In sostanza sta a significare che se si vuol essere felici, l'importante è non urinare mai contro vento per non bagnarsi.

Ancora una volta, le donne insegnano come ciò ad esse non sia possibile.

Ecco perché il Tao è la Grande Madre.

In definitiva, all'osservatore più attento risulterà inoltre che senza ombra di dubbio il Taoismo orientale altro non è se non l'equivalente dello stoicismo occidentale di Zenone.

Dopotutto, lo stoicismo si connota di panteismo, che a sua volta parrebbe essere il vero nesso tra Oriente ed Occidente.

Infatti, ciò è rinvenibile sempre in un altro detto latino da parte dello stoico Seneca: "Imperare sibi maximum imperium est", ossia esattamente quanto asserisce Laozi quando dice che il pieno controllo di sé è potere assoluto.

Versetto n. 31

Le armi sono gli strumenti della violenza; ogni uomo decente le disprezza.

Le armi sono strumenti di paura; ogni uomo decente le eviterà, eccezion fatta per la più disperata delle situazioni e, se costretto, le userà solo con estrema moderazione.

La pace è il valore supremo.

Se la pace è stata turbata, come può il Maestro essere contento o felice?

I suoni nemici non sono demoni, ma esseri umani come egli stesso.

Non si augura di far loro alcun male, né gioisce della vittoria.

Come potrebbe mai gioire della vittoria e divertirsi nel massacrare esseri umani?

Entra in guerra a malincuore, con dispiacere e grande compassione, come se stesse partecipando ad un funerale.

31. Note:

Attenzione a non fraintendere Laozi! Già aveva detto infatti che in guerra bisogna essere giusti e generosi.

Ciò quindi significa che quando inevitabile, il maestro deve accettare anche la guerra, stando ben attento a mantenere in essa una connotazione di giustizia e generosità.

Giustizia significa non usare le armi se non necessario, e generosità significa che anche quando le si debba usare, bisogna sempre farne il minor uso possibile.

Inoltre, è da notare come Laozi ammonisca espressamente di non considerare demoni neppure i nemici, ma sempre e comunque essere umani.

Il concetto di demonizzare il nemico infatti è sinonimo di integralismo religioso, quindi una forma di deriva della religione, utilizzata e manipolata al solo scopo di distogliere le persone dalla verità del Tao, inebriandone ed offuscandone le menti.

Per quanto riguarda i funerali poi, sempre nell'ottica dualista del Taoismo, essi in sé non sono motivo di tristezza, benché coloro i quali non comprendano il Tao li vivano come tali.

Il maestro invece è del tutto indifferente ai funerali, ma si rattrista di entrare in guerra come le persone comuni si rattristano di un lutto.

Il maestro sa che per rinascere bisogna morire, quindi la morte è gioia come una nuova nascita.

Versetto n. 32

Il Tao non si può percepire.

Più piccolo di un elettrone, contiene infinite galassie.

Se uomini e donne al potere potessero rimanere incentrati sul Tao, ogni cosa sarebbe in armonia.

Il mondo diverrebbe il paradiso.

Tutti gli esseri viventi sarebbero in pace e la legge sarebbe scritta nei loro cuori.

Quando si hanno nomi e forme, sappi che essi sono provvisori.

Quando si hanno istituzioni, sappi riconoscere quando la loro funzione dovrebbe cessare.

Sapendo quando fermarsi è possibile evitare ogni pericolo.

Ogni cosa finisce o confluisce nel Tao come i fiumi sfociano nel mare.

32. Note:

Il Taoismo quindi rivela anche il segreto del paradiso, ossia ciò che in Occidente viene considerato il luogo dal quale si è stati espulsi.

Eppure non è esattamente così. Infatti, non si è mai stati espulsi dal paradiso, bensì esso è proprio dinnanzi i nostri occhi.

Anche il Cristianesimo abbraccia tale visione del paradiso, laddove Cristo dice che il Regno dei Cieli è celato, ma onnipresente e l'unico problema è che non lo si riesce a vedere.

Eppure, è solo leggendo il Vangelo di Tommaso che è possibile comprendere e mettere a fuoco il vero messaggio contenuto negli insegnamenti di Cristo, che parrebbe predicasse proprio il panteismo, ossia che Dio, come il Tao pervade tutto l'universo sebbene non si attacchi a nessuna cosa del creato in particolare, neppure il suo unico figlio, che a tempo debito infatti si riprende.

Versetto n. 33

Conoscere gli altri è intelligenza; conoscere se stessi
è vera saggezza.

Il controllo sugli altri è forza; il pieno controllo di sé
è potere assoluto.

Se comprendi di avere abbastanza sei veramente
ricco.

Se rimani al centro ed accogli la morte con tutto il
tuo cuore, sopravvivrai per sempre.

33. Note:

Ancora una volta il Taoismo svela ciò che anche Cristo aveva annunciato come la vita eterna.
Il Taoismo implica che per perdurare per sempre è necessario accogliere a pieno la morte.
Attenzione però, proprio come per i cristiani, anche per i taoisti ciò non si riferisce necessariamente alla morte fisica, quindi alla vita fisica e materiale.
È piuttosto un'allegoria volta a significare il ritorno al Tao, quindi la vita eterna.
Certo, qualcuno potrebbe vedervi anche una possibilità di vivere come esseri umani per sempre, purché ciò avvenga sempre all'interno del Tao, con cui bisognerebbe essere necessariamente riconnessi per poter anche solo pensare ad una simile possibilità.
Tutto ciò poi è proprio quanto Giovanni dice dell'invidia di Pietro nei suoi confronti, quando domandando a Gesù il perché li seguisse quest'ultimo rispose cosa gli importasse se volesse che questi rimanesse sino al suo ritorno, diffondendo il credo tra i discepoli che Giovanni non sarebbe morto.
È lo stesso Giovanni poi a specificare che ciò non era quanto avesse detto Gesù, bensì che il significato era proprio che lui voleva Giovanni rimanesse sino al suo ritorno, come a voler dire che sin quando non sarebbe cambiata un'era o un'epoca, quel Giovanni sarebbe rimasto in essere, proprio come Pietro, la pietra su cui si fonderebbe la chiesa.

Versetto n. 34

Il grande Tao scorre ovunque.

Ogni cosa nasce dal Tao, eppure esso non le crea.

Esso versa se stesso nel suo lavoro, eppure non lo rivendica.

Nutre infiniti mondi, eppure non si attacca a nessuno di essi.

Poiché è infuso in ogni cosa e nascosto nei loro cuori, può essere definito umile.

Giacché ogni cosa svanisce dentro di esso, ed esso soltanto persiste, la si può chiamare Grande.

Non è consapevole della sua grandezza, pertanto è davvero grande.

34. Note:

Il Tao quindi non crea ciò che genera. Dovrebbe essere lo stesso concetto riprodotto anche dai cristiani che dice di Gesù essere stato generato e non creato.

La creazione infatti implica uno scopo determinato, ossia la realizzazione di qualcosa che possa servire a qualcos'altro mentre la generazione implica il dar vita a qualcosa senza alcuno scopo o progetto determinato.

Ciò crea un po' di conflitto con la versione cristiana, per cui Gesù sarebbe stato generato, quindi regalato al mondo, però avendo uno scopo ben preciso si tratterebbe più di una creazione allora che non di una generazione.

Il Tao quindi genera; gli uomini creano partendo dal creato. Il creato è ciò che il Tao ha generato e che diviene creato il momento stesso in cui è percepito dall'uomo.

Il Tao infatti è impercepibile; l'uomo invece può solo percepire il creato.

Versetto n. 35

Colei che è incentrata nel Tao può andare dove crede, senza correre alcun pericolo.

Codesta è in grado di percepire l'armonia universale, anche tra grandi dolori, perché ha trovato la pace nel suo cuore.

La musica o l'odore di buon cibo cotto può far fermare le persone e rallegrarle.

Ma le parole che indicano il Tao suonano monotone e senza alcun sapore.

Quando lo cerchi non c'è nulla da vedere.

Quando lo ascolti, non si sente niente.

Quando lo usi, è inesauribile.

35. Note:

Laozi fa un esplicito riferimento alle donne, gli esseri fisicamente più deboli del genere umano, quindi quelli più facilmente esposti a rischi.

Eppure, anche le donne incentrare sul Tao o la Madonna, volendola dire all'occidentale, non corrono alcun pericolo perché protette dal Tao.

Ovviamente si fa riferimento alla maternità ed al parto, accompagnato da dolori, i quali però non sono in grado di sminuire la gioia per l'avvento di un nascituro, il che rende grandi le donne.

Versetto n. 36

Se vuoi restringere qualcosa, prima devi
permettergli di espandersi.

Se vuoi disfarti di qualcosa, prima devi permettergli
di prosperare.

Se vuoi prenderti qualcosa, prima devi lasciare che
essa venga concessa.

Ciò è quanto si definisce la sottile percezione del
modo in cui sono le cose.

Il soffice prevale sul duro.

Il lento prevale sul veloce.

Lascia che i tuoi lavori rimangano un mistero.

Alle persone mostra solo i risultati.

36. Note:

Probabilmente, il mistero di cui parla Laozi circa il proprio lavoro è quanto di più simile al concetto di dogma cristiano.

Un qualsiasi occidentale quindi dovrebbe essere in grado di comprendere che anche quando la religione viene canonizzata, ossia arricchita di riti e rituali, essa sottintende sempre un certo legame con l'ignoto non sempre visibile e comprensibile a tutti.

Ciò purtroppo genera degli abusi quando gli ecclesiasti si appropriano di tale potere di essere gli unici in grado di mediare con la fonte universale, ed abusano tale loro condizione approfittando del prossimo, per giunta con la motivazione che questi è comunque un ignorante.

Ciò era già successo in India con l'Induismo, ove la risposta agli abusi del clero fu il Buddismo.

Ad ogni modo, lo stesso è già successo anche in Occidente, ove agli abusi dello stato papale nel medioevo è succeduta la riforma protestante.

Ancora, laici e non, è giusto che chi comprenda di più aiuti chi comprende di meno, proprio come farebbe un buon maestro, senza però approfittarsi troppo del prossimo.

Versetto n. 37

Il Tao non fa mai nulla, eppure è tramite esso che si compie ogni cosa.

Se uomini e donne di potere potessero addentrarvici, il mondo intero si trasformerebbe da solo, secondo i propri ritmi naturali.

Le persone sarebbero felici con le loro semplici vite di tutti i giorni, in armonia e libere dal desiderio.

Quando non v'è desiderio ogni cosa è in pace.

37. Note:

Laozi sottolinea nuovamente l'importanza di uomini e donne alla guida di una nazione, come a voler lasciar intendere che nelle loro mani ricade una grande responsabilità che andrebbe maneggiata con saggezza e con destrezza.

Il significato di: "quando non v'è desiderio ogni cosa è in pace" non è che il desiderio è in sé malvagio in quanto porta a determinate azioni.

Piuttosto, ciò significa che le azioni mosse da desiderio sono sbagliate, ma le stesse azioni invece se mosse da spontaneità sono ragguardevoli.

Quest'analisi ovviamente è sempre risultante da un'attenta interpretazione del dualismo taoista.

Infatti, senza agire non esisterebbe il mondo percettivo. Quindi, nel Taoismo, a differenza delle religioni giudaico-cristiane, non si ammoniscono mai le azioni in sé, neppure la guerra quando questa è l'unica azione rimasta per la propria salvaguardia, bensì è sempre il movente che viene visto con sospetto quando è dettato da specifico desiderio e non da spontaneità.

La spontaneità quindi è un attributo del Tao; il desiderio invece dell'uomo.

Versetto n. 38

Il Maestro non cerca d'essere potente; per questo
egli è davvero potente.

L'uomo ordinario è alla continua ricerca del potere;
per questo non ne ha mai abbastanza.

Il Maestro non fa nulla, eppure non lascia nulla di
incompleto.

L'uomo ordinario è continuamente indaffarato in
faccende, eppure molte di più sono incompiute.
L'uomo premuroso fa qualcosa, eppure
qualcos'altro rimane incompiuto.
L'uomo giusto fa qualcosa, ma lascia molte cose da
completarsi.
L'uomo di principi morali fa qualcosa e quando
nessuno risponde si alza le maniche ed usa la forza.

Quando si perde il Tao subentra la moralità; quando
si perde la moralità si hanno i rituali; i rituali sono il
guscio della vera fede, l'inizio del caos.

Quindi il Maestro si occupa del profondo e non del
superficiale, della frutta e non del fiore.

Non ha alcun desiderio per se stesso; dimora nella
realtà e lascia andar via tutte le illusioni.

38. Note:

Il Tao ed il mondo sono dunque come il profondo ed il superficiale.
La descrizione dell'indole maschile di Laozi si può ritenere abbastanza completa e soddisfacente, se comparata alla descrizione dell'indole femminile precedentemente riportata.
Salta all'occhio come la descrizione dell'indole maschile sia abbastanza più complessa di quella dell'indole femminile.
Ciò è semplicemente spiegabile grazie al fatto che l'indole femminile è per natura più profonda, quindi più simile al Tao, mentre l'indole maschile è più superficiale, quindi più simile al mondo.

Versetto n. 39

In armonia con il Tao, il cielo è limpido e spazioso;
la terra solida e densa; tutte le creature prosperano
insieme, felici del modo in cui esse sono, replicando
se stesse senza fine e sempre rinnovate.

Quando l'uomo interferisce con il Tao il cielo
diventa brutto, la terra impoverita, l'equilibrio si
sgretola e le creature diventano estinte.

Il Maestro guarda ad ogni parte, alle singole cose,
con compassione poiché egli comprende il tutto.

Egli non luccica come un gioiello, ma si lascia
modellare dal Tao come una comune pietra grezza.

39. Note:

Laozi in qualche modo apre il discorso anche a ciò che oggigiorno è definito col concetto di evoluzione. Le creature dunque sono felici di riprodursi all'infinito nel gioco della morte e rinascita, ed ogni volta liete del rinnovamento, quindi anche dell'evoluzione cui sono soggette nell'alternarsi di questi cicli biologici.

Solo lo squalo sembrerebbe essere l'unica eccezione a conferma di questa regola. Esso infatti è l'unica creatura che pare non si evolva più, avendo ormai raggiunta quella che forse è la sua massima metamorfosi evolutiva, o l'apice del proprio processo evolutivo.

Guardando la natura dunque, pare ovvio che pure ciò sia possibile. Nondimeno, neppure lo squalo è esonerato dal processo o ciclo di morte e rinascita cui fa riferimento anche Laozi.

Questo ciclo poi è alla base anche del Buddismo e dell'Induismo, e perché no, anche del Cristianesimo, qualora ci si concedesse sufficiente elasticità mentale per ammettere che reincarnazione e resurrezione infondo sono la stessa cosa, benché chiamata con due nomi diversi, proprio come il Tao e la Madonna.

Infine, Laozi dà anche una sua spiegazione taoista al fenomeno dell'estinzione.

Versetto n. 40

La ridondanza è il movimento del Tao; remissiva è la via del Tao.

Tutte le cose sono nate nell'essere; l'essere nasce dal non-essere.

40. Note:

Per usare un'espressione ellenica, la ridondanza del Tao di cui parla Laozi è simile al mito di Issione, che inchiodato alla ruota di un carro vaga eternamente per l'universo.
Ancora una volta Laozi ribadisce il concetto del dualismo del Taoismo per poterne spiegare il moto.
Sin ora si era detto che il Tao è l'essere, ed il mondo percettivo il non-essere.
Ora si rifrasa il concetto per spiegare ciò che s'intende col simbolo dello Yin e Yang tipico del Taoismo.
Tutte le cose nascono nell'essere significa che esse si originano dal Tao; l'essere però nasce dal non essere significa che lo stesso concetto dell'essere non è il Tao, in quanto il Tao è per natura imperscrutabile.
Quindi, lo stesso concetto dell'essere, ossia del Tao, nasce nella mente di un non-essere, qual è l'uomo.
Questo è il movimento del Tao.

Versetto n. 41

Quando un uomo eccelso apprende del Tao, subito
inizia ad impersonarlo.

Quando un uomo comune sente del Tao, per metà
vi crede e per metà ne dubita.

Quando uno stolto ode del Tao, scoppia dal ridere.
Se non l'avesse deriso, non sarebbe il Tao.

Per cui si dice:
Il cammino nella luce sembra oscuro; il sentiero in
avanti sembra vada indietro; la via diretta sembra
lunga; il vero potere sembra debole; la vera purità
sembra danneggiata; la vera fermezza sembra
incostante; la vera chiarezza sembra oscura; la più
grande delle preoccupazioni sembra semplice; il più
grande amore sembra indifferente; la più grande
saggezza sembra infantile.

Il Tao non lo si può trovare da nessuna parte.

Eppure, nutre e completa ogni cosa.

41. Note:

Ancora una volta si ribadisce il dualismo del Tao con un'altra serie di esempi.

In realtà, grazie alla descrizione che Laozi dà delle persone cui si potrebbe raccontare del Tao, per via delle loro reazioni, è possibile notare un'altra similitudine col genere di reazioni che molti evangelisti riscontrano oggigiorno nel diffondere la novella di Cristo.

In effetti, il Taoismo in sé non impone la divulgazione del Tao, come invece avviene per i cristiani, che ne fanno una vera e propria missione di vita.

Eccezion fatta per tale dissimilitudine, rimane comunque che il nucleo centrale del Taoismo differisce molto dal nucleo centrale del Cristianesimo solo nella versione canonizzata di quest'ultimo, ossia nella versione delle varie chiese che ne promuovono la diffusione.

Nel Taoismo poi, a differenza del Cristianesimo, non è possibile vedere il Tao, come invece acclamano molti fedeli cristiani a mezzo di varie apparizioni.

Versetto n. 42

Il Tao dà origine al numero uno.
L'uno genera il due.
Il due genera il tre.
Il tre genera ogni cosa.

Tutte le cose sono rivolte di schiena al femminile e
fronteggiano dritte al maschile.

Quando maschile e femminile si combinano, ogni
cosa raggiunge l'armonia.

L'uomo comune odia stare da solo con se stesso.

Ma il Maestro ne fa uso, abbracciando la sua
solitudine e comprendendo che egli è una cosa sola
con l'intero universo.

42. Note:

Parrebbe ovvio anche agli amanti della cabala che, essendo il nulla, il Tao non poteva che originare il numero uno, essendo esso lo zero.

Da notare come lo stesso concetto della trinità, sia induista che cristiano affondi le proprie radici nel Taoismo, per cui il tre è il numero che genera ogni cosa, ed il perché dovrebbe risultare alquanto istintivo.

Anche il dualismo che ritroviamo nel dio romano Giano è ripreso da Laozi, nel descrivere che ogni cosa ha la schiena rivolta verso la donna ed il davanti rivolto verso l'uomo.

L'uomo e la donna però giocano un ruolo importante e fondamentale nel Tao, poiché solo quando essi s'incontrano e si combinano si può raggiungere l'armonia.

Combinarsi ovviamente non significa accoppiarsi, bensì completarsi, ossia l'uomo fa della donna un uomo e la donna fa dell'uomo una donna, cosicché due esseri diventino tre, proprio come il due genera il tre e così via, o come l'evolversi della vita partendo da Adamo ed Eva.

Versetto n. 43

La più mite delle cose al mondo vince la più forte
delle cose al mondo.

Ciò che non ha sostanza entra laddove non v'è
alcuno spazio.

Ciò dimostra il valore del non-agire.

Insegnare senza parole; recitare senza azioni: questo
è il metodo del Maestro.

43. Note:

Gli scienziati moderni si stanno notevolmente impegnando nella ricerca di particelle sempre più piccole, quasi senza massa nella corsa alla comprensione della fisica quantistica.

Laozi però non descrive il Tao come energia senza massa, anche perché lo spazio cui si riferisce è quello noto connotato dal tempo e generalmente riferito come universo.

Gli scienziati quindi sono soffermati sullo studio dell'universo, ma il Tao sfugge all'universo stesso, come potrebbe sfuggire il non comprendere come possa un attore recitare senza compiere gesti o azioni.

Versetto n. 44

Fama o integrità: cos'è più importante?

Denaro o felicità: cos'ha più valore?

Successo o fallimento: cos'è più devastante?

Se ti rivolgi agli altri per il loro compiacimento non sarai mai veramente soddisfatto.

Se la tua felicità dipende dal denaro, non sarai mai felice con te stesso.

Sî felice con quello che hai; gioisci per come sono le cose.

44. Note:

Laozi ci presenta una serie di domande simili alla maieutica di Socrate.

La risposta a tali domande dovrebbe poter aiutare a comprendere meglio la natura non solo del Tao, ma di noi stessi in relazione al Tao.

Senza il Tao non siamo niente, in quanto non potremmo mai essere nulla, poiché è solo il Tao ad essere il nulla.

Il niente ed il nulla quindi non sono la stessa cosa, mentre la felicità risiede solo nella semplicità.

Per cercare di renderlo ancora più chiaro ad un occidentale, il Taoismo è la stessa cosa paragonato alla storia di Adamo ed Eva, alla cacciata dal paradiso e quindi al mito del peccato originale.

Nell'ottica Taoista infatti anche il peccato originale ha un senso concreto ed assolutamente non astratto.

Trattasi infatti ancora una volta di un classico esempio di psicologia inversa. Probabilmente il miglior modo per spiegare il Taoismo ad un occidentale è proprio paragonarlo alla psicologia inversa.

Proibendo, Dio ottiene il contrario di quanto desiderasse; a meno che quanto desiderasse non fosse ciò che ha ottenuto, mediante lo strumento prescelto proprio della proibizione.

Proibire quindi, come dice anche Laozi, è volutamente un atto inteso a produrre un effetto esattamente opposto a quanto esplicitamente inteso o dichiarato, originando controllo e schiavitù.

Versetto n. 45

La perfezione assoluta sembra imperfetta, eppure è
perfettamente se stessa.

La completa pienezza sembra vuota, eppure è
completamente presente.

La vera rettitudine sembra stolta.

La vera saggezza sembra sciocca e assurda.

La vera arte sembra senz'arte.

Il Maestro permette alle cose di accadere.

Egli modella gli eventi appena gli si presentano.

Egli si toglie di mezzo e lascia che sia il Tao a
parlare per se stesso.

45. Note:

Laozi continua a rifrasare i suoi insegnamenti, come a voler assicurarsi che vengano compresi, oppure per mimare il movimento del Tao, che è ridondante e mai costante.

Non è mai costante anche perché tale movimento altro non è che l'idea del Tao come presentata dal maestro, per cui non può essere il Tao stesso.

Quindi, poiché il mondo percettivo è mutevole, a differenza del Tao, la ridondanza non può che essere mutevole, in quanto percepita nel mondo percettivo, laddove ovviamente fosse anche possibile percepirla.

La vera arte quindi sembra senz'arte, come ciò che è percepito come vero nell'universo, ma che è solo illusorio per chi comprende il Tao.

Così, ai molti il Tao non sembra vero, mentre il mondo sì. Il Tao quindi è come l'arte che non sembra arte, ma ciò solo perché chi guarda non è in grado di vedere.

Versetto n. 46

Quando una nazione vive in armonia con il Tao, le fabbriche producono camion e trattori.

Quando una nazione va contro il Tao, pile di armi vengono ammucchiate fuori le città.

Non v'è più grande illusione se non la paura; nessun peggiore sbaglio che prepararsi a doversi difendere; nessuna sfortuna peggiore che avere un nemico.

Chiunque riesce a vedere attraverso la paura sarà sempre al sicuro.

46. Note:

Attenzione! Laozi non si sta affatto contraddicendo, avendo precedentemente detto che la miglior azione è il non agire e che il profitto è la radice del furto e della corruzione.

Senza lavoro e senza azione quindi non vi sarebbe alcun movimento, neppure la ridondanza del Tao.

Laozi quindi non predica povertà, né tantomeno condanna lo sviluppo economico; anzi, è tutto il contrario.

Laozi afferma che lo sviluppo economico è possibile e solo possibile quando esso è in simbiosi o sintonia col Tao.

In caso contrario, ossia disconnessi dal Tao, non potrà mai esservi benessere e sviluppo economico.

Anche benessere e povertà quindi sono ciclici, come pace e guerra.

Ma ciò solo quando e perché si rinnega il Tao. Come già ribadito in precedenza, tale concetto è proprio anche di Cristo, quando dice di non preoccuparsi all'udire di notizie di guerre, in quanto è necessario che esse accadano per ristabilire l'equilibrio perduto.

Versetto n. 47

Senza neppure aprire la tua porta, puoi aprire il tuo
cuore al mondo.

Senza neppure guardare fuori dalla tua finestra
puoi vedere l'essenza del Tao.

Più sai e meno comprendi.

Il Maestro arriva a destinazione senza neppure mai
partire; vede la luce senza neppure mai guardare;
realizza gli obiettivi senza fare alcunché.

47. Note:

Laozi continua con le sue allegorie, tipiche del cinese classico e che rendono una traduzione del suo lavoro molto complessa anche ai giorni nostri.

Pertanto, anche questa stessa traduzione e relativo commentario deve intendersi come un mero tentativo di spiegare ciò che in realtà è inspiegabile ed impercettibile nella sua interezza.

A questo punto, anche i commenti dovrebbero essere diventati superflui, per cui come farebbe ogni saggio maestro, si lascia ai discenti la possibilità di continuare il cammino da soli, lasciando che ognuno carpisca ciò che gli è più congenito e/o dato sapere e comprendere.

È un po' come per i bambini, i quali si portano per mano solo sin quando non sono in grado di camminare da soli.

Ormai il ponte è consolidato e dovrebbe essere abbastanza chiaro anche come la parola stessa teologia affondi le proprie radici e derivi proprio dalla parola Tao, ossia Dio o Giano e perché no, in ultima analisi anche nel panteismo di Agrippa, di cui si hanno ancora tracce millenarie proprio col suo Pantheon a Roma.

Infine, l'albero del bene e del male noto nelle religioni di stampo Giudaico-Cristiane altro non è che sempre lo Yin e Yang.

Versetto n. 48

Nella ricerca della conoscenza, ogni giorno si aggiunge qualcosa.

Nella pratica del Tao, ogni giorno si lascia perdere qualcosa.

Quanta sempre meno forza ti serve per far muovere le cose, finché in ultimo arriverai al non-agire.

Quando nulla è fatto, niente è lasciato in sospeso.

La vera maestria può essere raggiunta lasciando che le cose vadano per il verso loro.

Non può essere raggiunta con l'interferenza.

Versetto n. 49

Il Maestro non ha una mente propria, indipendente.

Lavora con le menti delle persone.

È buono con le persone che sono buone.

È buono anche con le persone che non sono buone:
questa è vera bontà.

Si fida delle persone che sono meritevoli di fiducia.

Si fida anche delle persone che non sono meritevoli
di fiducia: questa è vera fiducia.

La mente del Maestro è come lo spazio.

Le persone non lo capiscono.

Lo guardano ed aspettano.

Lui li tratta come suoi stessi figli.

Versetto n. 50

Il Maestro si concede a qualunque cosa sia richiesta dal momento.

Sa che dovrà morire e non gli rimane nulla a cui stringersi: nessuna illusione nella sua mente; nessuna resistenza nel suo corpo.

Non pensa alle sue azioni; esse scaturiscono dal centro del suo essere.

La vita non gli deve più nulla; per questo è pronto alla morte, come un uomo che è pronto ad andare a dormire dopo un'intensa giornata di lavoro.

Versetto n. 51

Ogni essere nell'universo è un'espressione del Tao.

Esso sgorga nell'esistenza, inconsapevole, perfetto, libero; si incarna in un corpo umano e lascia che le circostanze lo completino.

Questo è il motivo per cui ogni essere spontaneamente onora il Tao.

Il Tao dà i natî a tutti gli esseri, li nutre, li sostiene, se ne prende cura, li conforta, li protegge, e se li riprende indietro.

Così crea senza possedere, agisce senza aspettative, guida senza interferire.

Per questo l'amore del Tao è nella vera natura di tutte le cose.

Versetto n. 52

In principio era il Tao.

Ogni cosa viene da esso; ogni cosa ritorna in esso.

Per trovare l'origine, risali le manifestazioni.

Quando riconosci i bambini e trovi la madre, ti
libererai della tristezza.

Se chiudi la tua mente in giudizi e contratti con i
desideri, il tuo cuore sarà nei guai.

Se astieni la tua mente dal giudicare, e non sei
mosso dai sensi, il tuo cuore troverà la pace.

Riuscire a vedere attraverso l'oscurità è chiarezza.

Sapere come cedere è forza.

Usa la tua stessa luce e torna alla fonte della luce.

Questo è ciò che si chiama praticare l'eternità.

Versetto n. 53

La Via maestra è semplice, eppure le persone
preferiscono le strade secondarie.

Sî consapevole di quando le cose sono fuori
equilibrio.

Rimani incentrato nel Tao.

Quando ricchi speculatori prosperano, mentre i
contadini perdono le loro terre; quando i pubblichi
ufficiali spendono denaro in armi anziché cure;
quando le classi sociali più alte sono stravaganti ed
irresponsabili, mentre i poveri non sanno dove
andare – Tutto ciò è furto e caos.

Ciò non è rimanere nel Tao.

Versetto n. 54

Chiunque sia piantato nel Tao non sarà sradicato.

Chiunque abbraccia il Tao non scivolerà via.

Il suo nome sarà ricordato con onore da generazione in generazione.

Fa che il Tao sia presente nella tua vita e diverrai genuino.

Fa che sia presente nella tua famiglia e la tua famiglia prospererà.

Fa che sia presente nella tua nazione e la tua nazione sarà da esempio a tutte le altre nazioni del mondo.

Fa che sia presente nell'universo e l'universo canterà.

Come faccio a sapere che questo è vero?

Guardando dentro te stesso.

Versetto n. 55

Colui il quale è in armonia con il Tao è come un bimbo appena nato.

Le sue ossa sono soffici, i suoi muscoli sono deboli, ma la sua presa è potente.

Non sa dell'unione di uomo e donna, eppure il suo pene è eretto, tanto intensa è la sua forza vitale.

Può gridare a gran forza tutto il giorno, eppure non diventa mai rauco, tanto completa è la sua armonia.

Il potere del Maestro è come ciò.

Lascia che tutte le cose vadano e vengano senza sforzo, senza desiderio.

Non si aspetta mai alcun risultato, così non è mai deluso.

Non è mai deluso, così il suo spirito non invecchia mai.

Versetto n. 56

Quelli che sanno non parlano.

Quelli che parlano non sanno.

Chiudi la bocca, spegni i tuoi sensi, affila la tua
acutezza, sciogli i tuoi nodi, attenua il tuo bagliore,
lascia depositare la tua polvere – Questa è la tua
identità originaria.

Sî come il Tao.

Non può essere avvicinato o ritirato, dar beneficio o
far male, onorato o disonorato – Si concede
completamente e continuamente.

Per questo persiste.

Versetto n. 57

Se vuoi essere un grande leader, devi prima
imparare a seguire il Tao.

Smetti di cercare di controllare il prossimo.

Liberati di piani fissi e concetti, ed il mondo si
governerà da solo.

Più proibisci e le persone saranno sempre meno
virtuose.

Più armi hai e le persone saranno sempre meno
sicure.

Più sussidi hai e le persone saranno meno
autosufficienti.

Per questo il Maestro dice:

Mi libero della legge e le persone divengono oneste.

Mi libero della religione e le persone divengono
serene.

Mi libero da ogni desiderio per il bene comune, ed il
bene diviene tanto comune quanto l'erba.

Versetto n. 58

Se una nazione è governata con tolleranza, le persone sono rassicurate ed oneste.

Se una nazione è governata con la repressione, le persone sono depresse e furbe.

Quando il desiderio di potere è in carica, più elevati sono gli ideali, minori saranno i risultati.

Cerca di rendere felici le persone e pavimenterai la strada alla miseria.

Cerca di rendere le persone moralmente rette e pavimenterai la strada al vizio.

Quindi il Maestro è felice di servire come esempio e non di imporre il proprio volere.

Egli è appuntito, ma non trafigge.

Diretto, ma elastico.

Abbagliante, ma piacevole agli occhi.

Versetto n. 59

Per governare bene una nazione non v'è nulla di meglio che la moderazione.

Il segno di riconoscimento dell'uomo moderato è l'essere libero e indipendente dalle sue stesse idê.

Tollerante come il cielo.

Penetrante come il sole.

Fermo come una montagna.

Flessibile come un albero quando c'è vento.

Non ha in mente alcuna destinazione e fa uso di qualsiasi cosa la vita gli presenti sulla propria strada.

Nulla gli è impossibile.

Poiché è stato in grado di lasciar andare, può avere a cuore il benessere delle persone come una madre tiene ai propri figli.

Versetto n. 60

Governare una grande nazione è come friggere un pesce piccolino.

Lo si rovina toccandolo troppo.

Centra la tua nazione sul Tao ed il male non avrà alcun potere.

Non che non vi sia, ma sarai in grado di spostarti dal suo cammino.

Dà al male nulla che lo opponga e scomparirà da sé.

Versetto n. 61

Quando una nazione ottiene grande potere, essa
diventa come il mare:

Ogni corso d'acqua scorre giù verso esso.

Più cresce in potenza, maggiore sarà il bisogno di
umiltà.

Umiltà significa fiducia nel Tao, per cui senza alcun
bisogno di divenire mai difensiva.

Una grande nazione è come un grande uomo:

Quando fa uno sbaglio, ne prende atto.

Prendendone atto, lo ammette.

Ammettendolo, lo corregge.

Egli considera coloro i quali gli indicano i propri
errori come i suoi insegnanti più generosi.

Egli pensa dei suoi nemici come la stessa ombra che
egli stesso proietta.

Se una nazione è incentrata sul Tao; se nutre le sue
stesse persone e non si intromette negli affari degli
altri, sarà una luce per tutte le nazioni del mondo.

Versetto n. 62

Il Tao è il centro dell'universo; il tesoro dell'uomo giusto; il rifugio dell'uomo cattivo.

Si possono rendere gli onori con parole eloquenti; il rispetto lo si può ottenere con buone azioni; ma il Tao è oltre qualsiasi valore, e nessuno può ottenerlo.

Quindi, quando si è scelto un nuovo leader, non offrirti di aiutarlo con la tua ricchezza o la tua competenza.

Offriti invece di insegnargli il Tao.

Perché gli antichi Maestri stimavano il Tao?

Perché, quando sei una cosa sola col Tao, quando cerchi trovi, e quando fai un errore sei perdonato.

Per questo tutti lo amano.

Versetto n. 63

Agisci senza far nulla; lavora senza sforzo.

Pensa al piccolo come grande, ed al poco come molto.

Confrontati col difficile mentre che è ancora facile; porta a compimento l'incarico più grande grazie ad una serie di piccole azioni.

Il Maestro non cerca mai l'ottimo, così ottiene il massimo.

Quando questi incontra una difficoltà, si ferma e le si concede con tutto se stesso.

Il Maestro non è attaccato al proprio confort, per questo per egli i problemi non sono mai tali.

Versetto n. 64

Ciò che ha radici è facile da nutrire.
Ciò che è recente è facile da correggere.
Ciò che è fragile è facile da rompere.
Ciò che è piccolo è facile da perdere.

Previeni il problema prima che compaia.

Metti le cose in ordine prim'ancora che esistano.

Il pino gigante cresce da un piccolo germoglio.

Il viaggio di mille miglia comincia da sotto i tuoi
piedi.

Affrettandoti ad agire, fallisci.

Cercando di afferrare le cose, le perdi.

Forzando di portare a compimento un progetto,
rovini ciò che era quasi maturo.

Per questo il Maestro agisce lasciando che le cose
facciano il loro corso.

Rimane calmo alla fine tanto quanto all'inizio.

Non ha nulla, quindi nulla da perdere.

Ciò che desidera non è desiderio; ciò che impara è a disimparare.

Egli ricorda semplicemente alle persone ciò che esse sono sempre state.

Non gli importa nulla se non del Tao.

Così può interessarsi ad ogni cosa.

Versetto n. 65

Gli antichi Maestri non cercavano di educare le persone, ma gentilmente insegnavano loro a non sapere.

Quando pensano di conoscere le risposte, le persone sono difficili da guidare.

Quando sanno di non sapere, le persone possono trovare la propria strada.

Se vuoi imparare come governare, evita di essere perspicace o ricco.

Il disegno più semplice è anche quello più chiaro.

Accontentai di una vita ordinaria, potrai mostrare alle persone la via di ritorno alla loro vera natura.

Versetto n. 66

Tutti i corsi d'acqua scorrono verso il mare perché si trova più in basso di loro.

L'umiltà gli dà il proprio potere.

Se vuoi governare le persone, devi posizionarti al di sotto di loro.

Se vuoi guidare le persone, devi prima imparare come seguirle.

Il Maestro è al di sopra delle persone e nessuno si sente oppresso.

Egli va avanti alle persone e nessuno si sente manipolato.

L'intero mondo gli è grato.

Poiché egli non compete con nessuno, nessuno può competere con lui.

Versetto n. 67

Qualcuno dice che i miei insegnamenti sono
nonsenso.

Altri li definiscono nobili ma non applicabili.

Ma per coloro i quali hanno guardato dentro di sé,
questo nonsenso ha un senso perfetto.

E per coloro i quali lo hanno messo in pratica,
questa nobiltà ha radici molto profonde.

Ho solo tre cose da insegnare:
Semplicità, pazienza, compassione.

Questi tre sono i tuoi tesori più grandi.

Semplice nelle tue azioni e pensieri ritorni alla
sorgente dell'essere.

Paziente sia con i tuoi amici che nemici ti accordi col
modo in cui sono le cose.

Compassionevole verso te stesso riconcili tutti gli
esseri del mondo.

Versetto n. 68

Il miglior atleta vuole il suo avversario al massimo della propria forma.

Il miglior generale entra nella mente del suo nemico.

Il miglior imprenditore serve il bene comune.

Il miglior leader segue la volontà delle persone.

Ognuno di essi incarna la virtù della non-competizione.

Non che essi non amino competere, ma essi lo fanno con lo spirito del gioco.

In ciò essi sono come bambini, ed in armonia con il Tao.

Versetto n. 69

I generali hanno un detto: "Anziché fare la prima mossa, è meglio aspettare e vedere. Anziché avanzare di qualche metro, è meglio indietreggiare un chilometro".

Questo si chiama muovere avanti senza avanzare; respingere senza usare le armi.

Non v'è sfortuna più grande che sottovalutare il proprio nemico.

Sottovalutare il proprio nemico significa pensare che egli sia il male.

In tal modo finisci col distruggere i tuoi tre tesori e diventi tu stesso un nemico.

Quando due grandi forze si contrappongono, la vittoria andrà a colui il quale sa come cedere.

Versetto n. 70

I miei insegnamenti sono facili da capire e facili da
mettere in pratica.

Eppure il tuo intelletto non li afferrerà mai, e se
provi a metterli in pratica fallirai.

I miei insegnamenti sono più vecchi del mondo.

Come puoi afferrare il loro significato?

Se vuoi conoscermi, guarda dentro il tuo cuore.

Versetto n. 71

Il non conoscere è vera conoscenza.

Supporre di conoscere è una malattia.

Innanzitutto, realizza di essere malato, poi puoi
muovere verso la salute.

Il Maestro è il medico di se stesso.

Egli si è guarito dal sapere tutto.

Per questo è veramente completo.

Versetto n. 72

Quando pèrdono il loro senso di sbalordimento, le
persone si rivolgono alla religione.

Quando non hanno più fiducia in se stessi,
cominciano a dipendere dall'autorità.

Quindi il Maestro si fa da parte, cosicché le persone
non siano confuse.

Insegna senza alcun insegnamento, cosicché le
persone non avranno nulla da imparare.

Versetto n. 73

Il Tao è sempre a riposo, a proprio agio.

Vince senza competere.

Risponde senza dire una parola.

Arriva senza essere convocato.

Compie senza alcun piano.

Il suo nido copre l'intero universo.

Benché le sue maglie siano larghe, non permette a nulla di scivolarvi attraverso.

Versetto n. 74

Se realizzi che tutto cambia, non v'è nulla cui
cercherai di aggrapparti.

Se non hai paura di morire, non v'è nulla che non
potrai ottenere.

Cercare di controllare il futuro è come cercare di
prendere il posto del mastro carpentiere.

Quando maneggi gli attrezzi del mastro carpentiere,
quasi certamente finirai col tagliarti la mano.

Versetto n. 75

Quando le tasse sono troppo alte, le persone
muoiono di fame.

Quando il governo è troppo intrusivo, le persone
perdono il proprio spirito.

Agisci per il beneficio delle persone.

Fidati di loro e lasciale da sole.

Versetto n. 76

Gli uomini nascono soffici e flessibili; quando muoiono sono rigidi e duri.

Le piante nascono tenere e flessibili; quando muoiono sono fragili e secche.

Dunque, chiunque sia rigido ed inflessibile è discepolo della morte.

Chiunque sia morbido e cedevole, è discepolo della vita.

Il duro e il rigido si romperanno.

Il morbido e il flessibile prevarranno.

Versetto n. 77

Mentre ché opera nel mondo, il Tao è come il
curvarsi di un arco.

La parte superiore si piega verso il basso; quella
inferiore verso l'alto.

Aggiusta gli eccessi e le deficienze in maniera tale
che via sia equilibrio perfetto.

Prende da ciò che è troppo e dà a ciò che non è
abbastanza.

Quelli che cercano di controllare, che usano la forza
per proteggere il proprio potere, vanno contro la
direzione del Tao.

Essi prendono da coloro che non hanno abbastanza
e danno a coloro che hanno veramente troppo.

Il Maestro può continuare a dare perché non v'è fine
alla sua ricchezza.

Egli agisce senza aspettarsi nulla, riesce senza
prendere alcun merito, e non pensa di essere
migliore di chiunque altro.

Versetto n. 78

Nulla al mondo è più soffice e flessibile dell'acqua.

Eppure, per dissolvere il duro e l'inflessibile nulla
può sorpassarla.

Il morbido vince il duro.

Il gentile vince il rigido.

Tutti sanno che è vero, ma pochi riescono a metterlo
in pratica.

Quindi il Maestro rimane sereno nel mezzo del
dolore.

Il male non può penetrare il suo cuore.

Poiché ha rinunciato ad aiutare, è l'aiuto più grande
per tutte le persone.

Le parole vere sembrano paradossali.

Versetto n. 79

Il fallimento è un'opportunità.

Se la si addebita a qualcun altro, non v'è fine alla responsabilità.

Quindi il Maestro adempie ai suoi compiti e corregge i suoi stessi sbagli.

Egli fa ciò che deve fare e non chiede nulla agli altri.

Versetto n. 80

Se una nazione è governata saggiamente, i suoi
abitanti saranno felici.

Essi giovano del lavoro delle proprie mani, senza
sprecare tempo ad inventare macchine salva-lavoro.

Poiché essi amano moltissimo le proprie case, non
sono interessati a viaggiare.

Potrebbero esserci qualche carro e qualche barca,
ma questi non vanno da nessuna parte.

Potrebbe esserci un arsenale d'armi, ma nessuno
mai le usa.

Le persone apprezzano il loro cibo; giovano nello
stare con le proprie famiglie; passano i fine
settimana a lavorare nei propri giardini; si
compiacciono del lavoro dei loro vicini.

E benché la nazione confinante sia così vicina da
poterne sentire i galli cantare ed i cani abbaiare,
sono contenti di morire di vecchiaia senza mai
essere andati a vederla.

Versetto n. 81

Le parole vere non sono eloquenti; le parole
eloquenti non sono vere.

Gli uomini saggi non necessitano di dimostrare le
loro idê; gli uomini che necessitano di dimostrare le
proprie idê non sono saggi.

Il Maestro non possiede nulla.

Più fa per gli altri, più è felice.

Più dà agli altri, più è ricco.

Il Tao nutre senza forzare, senza dominare; il
Maestro guida.

Made in United States
North Haven, CT
02 June 2022